2020—2021年中国工业和信息化发展系列蓝皮书

2020—2021年中国互联网产业发展蓝皮书

中国电子信息产业发展研究院 编著

张 立 主编

陆 峰 副主编

电子工业出版社
Publishing House of Electronics Industry
北京·BEIJING

内 容 简 介

本书从推动互联网与实体经济深度融合和全面展现中国互联网发展的生动实践的角度出发，系统分析了我国互联网产业发展情况，分为综合篇、行业篇、企业篇、政策篇、热点篇、展望篇 6 个部分，共 32 章。综合篇，总结分析了 2020 年全球及我国互联网产业发展的整体状况和特点；行业篇，选取移动互联网、工业互联网、电子商务、云计算、大数据等重点领域进行了专题分析并提出了相关建议；企业篇，依托行业篇确定的细分领域，着重分析了代表性企业在 2020 年的总体发展情况和重点发展战略；政策篇，全面梳理和分析了 2020 年中国互联网产业发展面临的整体政策环境，以及国家于 2020 年颁布和正式实施的重要法律法规和政策文件；热点篇，结合我国互联网产业发展情况，重点选择了具有年度影响力的典型热点事件展开分析；展望篇，结合我国互联网产业发展面临的形势，展望了中国互联网产业的发展走向。本书力求为相关行业主管部门和业界人士了解与推动互联网产业发展提供一个窗口。

未经许可，不得以任何方式复制或抄袭本书之部分或全部内容。
版权所有，侵权必究。

图书在版编目（CIP）数据

2020—2021 年中国互联网产业发展蓝皮书 / 中国电子信息产业发展研究院编著. —北京：电子工业出版社，2021.12
（2020—2021 年中国工业和信息化发展系列蓝皮书）
ISBN 978-7-121-42349-9

Ⅰ. ①2… Ⅱ. ①中… Ⅲ. ①互联网络－高技术产业－产业发展－研究报告－中国－2020-2021 Ⅳ. ①F492.3

中国版本图书馆 CIP 数据核字（2021）第 231413 号

责任编辑：李　洁
印　　刷：中煤（北京）印务有限公司
装　　订：中煤（北京）印务有限公司
出版发行：电子工业出版社
　　　　　北京市海淀区万寿路 173 信箱　邮编：100036
开　　本：720×1 000　1/16　印张：10.75　字数：241 千字　彩插：1
版　　次：2021 年 12 月第 1 版
印　　次：2021 年 12 月第 1 次印刷
定　　价：218.00 元

凡所购买电子工业出版社图书有缺损问题，请向购买书店调换。若书店售缺，请与本社发行部联系，联系及邮购电话：（010）88254888，88258888。
质量投诉请发邮件至 zlts@phei.com.cn，盗版侵权举报请发邮件至 dbqq@phei.com.cn。
本书咨询联系方式：（010）88254501，lijie@phei.com.cn。

前 言

过去 20 年，随着互联网和经济社会的广泛深度融合，以及对生产生活方式、社会运行模式和政治经济的重大影响，互联网在国家政治、经济和社会生活中的重要性日益凸显，发展好、利用好和管理好互联网成为了时代紧迫课题。2021 年，我国互联网发展将进入一个技术创新、业态创新、监管治理同步推进的一个发展新阶段。

一

新基建开启了数字化发展新"赛道"。2018 年 12 月，中央经济工作会议提出要加快 5G 商用步伐，加强人工智能、工业互联网、物联网等新型基础设施建设，加大城际交通、物流、市政基础设施等投资力度。2020 年 3 月 4 日，中央政治局常委会提出要加快 5G 网络、数据中心等新型基础设施建设进度。新型基础设施融合了移动互联网、云计算、大数据、物联网、人工智能、区块链等新一代信息技术，是软硬融合型基础设施，是数字化、网络化、智能化的基础设施。与传统基建相比，新基建有以下特征：一是支撑面向未来发展需要，支撑产业转型升级和经济社会发展提档升级需求。就当前而言，新基建部署需要支持数字经济发展和智慧社会建设，能够为网络强国、交通强国、数字中国、智慧社会等建设提供运行底座支撑。二是具有强大的经济社会带动和溢出效应，能够带动新投资，带动产业转型升级，带动消费升级，

带动社会提挡升级，发挥投资乘数效应。三是有利于促进包容普惠性发展。新基建部署不面向特定的行业和特定的人群，为经济社会数字化、网络化和智能化运行提供先进的通用基础底座。新一轮新基建的部署将会发挥巨大作用，对整个经济和社会的发展带来新的影响。它主要体现在：① 新基建将引领经济社会形态变革。不同的社会基础设施对应不同的产业业态和经济形态，5G、大数据中心、工业互联网、人工智能等新型基础设施的普及应用，将使社会运行模式、经济发展方式、产业服务模式发生新的变革。② 新基建将驱动新业态和新经济发展。新基建是新经济、新业态发展的核心基础设施建设。新基建部署是新经济和新业态发展的前提。每一次社会基础设施提挡升级都会引发新一轮产业变革，促进新经济和新业态的发展。③ 新基建部署将重构区域竞争新优势。新基建部署关系到新一轮区域竞争，抢先部署新基建有利于推动新经济发展和新业态区域集聚，并对周边区域产生极大资源虹吸效应，进而改变区域竞争格局。

二

网信产业将有望实现多点突破和价值全线提升。"十四五"期间，我国网络科技企业将会大力投资和布局关键信息技术的研发攻关，推动我国信息技术产业从跟跑向并跑转变，局部领域有望实现领跑。关键核心技术短板有望得到有效弥补，聚焦高端芯片、操作系统、人工智能关键算法、传感器等关键领域，我国将会加快推进基础理论、基础算法、装备材料等的研发突破，以及在高端芯片、核心电子元器件、重要基础软件等领域的迭代应用。国内企业将有可能乘势崛起，大型网络科技企业都会积极投入巨额资金推进基础关键核心技术研发，ICT 产业全链条多点受制于人的问题将有望得到有效缓解。ICT 产业链上下游协同、产业生态打造、商业化应用等诸多方面有望取得一定突破，特别是在云服务、手机芯片、物联网操作系统、网络数据库、5G 智能终端、语音图像识别技术等领域有望实现全球领跑。国内企业信息技术产品高端综合集成能力和品牌知名度将会全面提升，国内 ICT 企业将会从产业链价值中低端向中高端迈进，部分中国制造的高端信息产品有望享誉全球。

三

数字经济新业态将进入规范发展期。《中华人民共和国国民经济和社会发展第十四个五年规划和 2035 年远景目标纲要》提出"迎接数字时代，激活数据要素潜能，推进网络强国建设，加快建设数字经济、数字社会、数字政府，以数字化转型整体驱动生产方式、生活方式和治理方式变革。""十四五"期间数字经济发展将更加竞争有序，面向数字市场的规章制度将更加完善，不正当竞争等乱象将得到有效整治，数字市场秩序将会更加健全。一是共享经济、平台经济和新个体经济管理将更加规范，不合理的行政许可、资质资格事项将会得到进一步清理。二是数字企业垄断竞争问题将会得到有效规范，对数字企业滥用垄断协议、滥用市场支配地位、经营者集中等情形的界定将会更加清晰明确，渠道、平台、数据、用户等互联网行业特色的垄断情形将会得到全面规范。三是面向数字经济领域反不正当竞争相关法律法规和行业规章将更加完善，网络虚假宣传、恶意营销、刷单炒信、违规促销、违法搭售、违法广告、不正当价格、不公平格式条款、破坏其他经营者合法提供的网络产品或服务正常运行等不正当竞争行为的界定将会更加清晰，整治力度将会进一步加强，网络空间企业守法、诚信经营意识将会大幅提高。四是无人驾驶、在线医疗、金融科技、智能配送等监管框架将逐步建立，相关法律法规和伦理审查规则将会进一步完善。

四

网络霸权主义将持续深刻影响我国互联网发展。当今世界，新一轮科技革命和产业变革方兴未艾，带动数字技术快速发展。新冠肺炎疫情暴发以来，远程医疗、在线教育、共享平台、协同办公等得到广泛应用，互联网对促进各国经济复苏、保障社会运行、推动国际抗疫合作发挥了重要作用。然而，新冠肺炎疫情也对全球政治经济格局产生了重大深远影响。从政治层面看，疫情暴发后，网络空间反华辱华等势力进一步猖獗，与技术民粹主义、网络霸权主义相互交织；从经济层面看，世界各国物流限制、实体门店停业、工厂停工等因素，已经成为我国网信技术产业加强国际协同的重大不确定因素，给网信企业走出去、引进来带来新挑战。受全球政治经济格局演变影响，

网络霸权主义、单边主义、保护主义、科技霸凌等迅速抬头，从事、纵容或支持危害他国国家安全的网络活动频繁发生，时刻影响和威胁着全球网络科技供应链安全和产业发展，严重侵害了各国自主选择网络发展道路、网络管理模式、互联网公共政策和平等参与国际网络空间治理的权利。我国作为正在崛起的新兴网络大国，网信技术产业发展促进了市场竞争能力和规则制定影响力不断提升，成为了西方反华势力联合打击的对象，使得我国企业参与互联网国际交流与合作的外部环境变得更加错综复杂。尤其是，云计算、大数据、人工智能、区块链等领域新技术和新业态国际定规还处在探索中前进，网络主权、数据保护、网络空间安全等重大问题缺少普遍适用的国际规则，网络空间规则不健全为网络霸权和强权政治的存在提供了土壤和可趁之机。有些国家不顾他国发展国情，纷纷将基于本国技术产业优势的网络空间竞争规则强加给他国，对我国等互联网应用新兴国家在网络管理、产业发展、安全保障、国际定规等方面都构成了严重挑战，影响着新兴国家参与网络空间国际治理进程。

五

基于上述形势考虑，中国电子信息产业发展研究院编撰了《2020—2021中国互联网产业发展蓝皮书》。本书从推动互联网与实体经济深度融合和全面展现中国互联网发展的生动实践角度出发，系统分析了 2020 年我国互联网产业发展情况，对基本情况、细分行业、主要企业、政策环境、年度热点和未来展望等方面进行了全景式研究。全书分为综合篇、行业篇、企业篇、政策篇、热点篇、展望篇 6 个部分共 32 章。

综合篇，总结分析了 2020 年全球及我国互联网发展的整体状况和特点。

行业篇，选取移动互联网、工业互联网、电子商务、云计算、大数据等重点领域进行了专题分析，全面论述了各细分领域在 2020 年的发展情况和发展特点，并提出了相关建议。

企业篇，依托行业篇确定的细分领域，选择核心竞争力强、经营规模居于前列、具有行业代表性的企业展开研究，着重分析了各个企业在 2020 年的总体发展情况和重点发展战略。

政策篇，全面梳理和分析了 2020 年中国互联网发展面临的整体政策环境，并对国家 2020 年颁布和正式实施的重要法律法规和政策文件进行了重点解读。

热点篇，结合我国互联网产业发展情况，重点选择了具有年度影响力的典型热点事件展开分析。

展望篇，结合我国互联网产业发展面临的国际国内形势，在系统展现国外重点研究机构的预测性观点基础上，展望了 2021 年中国互联网发展走向。

目录

综 合 篇

第一章　2020年全球互联网产业发展状况 ······················ 002
　　第一节　全球重点互联网领域技术发展状况 ················· 002
　　第二节　世界主要大国网信领域热点事件 ··················· 004

第二章　2020年中国互联网产业发展状况 ······················ 008
　　第一节　中国互联网整体发展状况 ························· 008
　　第二节　发展特点 ······································· 011

行 业 篇

第三章　移动互联网 ·· 015
　　第一节　总体发展情况 ··································· 015
　　第二节　创新进展 ······································· 019
　　第三节　发展特点 ······································· 020

第四章　工业互联网 ·· 023
　　第一节　总体发展情况 ··································· 023
　　第二节　产业布局 ······································· 024

第五章　电子商务 ·· 025
　　第一节　总体发展情况 ··································· 025
　　第二节　发展特点 ······································· 027

第六章　云计算 ······ 030
第一节　总体发展情况 ······ 030
第二节　发展特点 ······ 031

第七章　大数据 ······ 035
第一节　总体发展情况 ······ 035
第二节　创新进展 ······ 036
第三节　发展特点 ······ 038

企　业　篇

第八章　谷歌 ······ 042
第一节　总体发展情况 ······ 042
第二节　重点发展战略 ······ 044
第三节　重点领域发展情况 ······ 045

第九章　亚马逊 ······ 046
第一节　总体发展情况 ······ 046
第二节　重点发展战略 ······ 047

第十章　苹果 ······ 050
第一节　总体发展情况 ······ 050
第二节　重点发展战略 ······ 051
第三节　重点领域发展情况 ······ 051

第十一章　微软 ······ 054
第一节　总体发展情况 ······ 054
第二节　重点发展战略 ······ 056

第十二章　脸书（Facebook） ······ 059
第一节　总体发展情况 ······ 059
第二节　重点发展战略 ······ 060

第十三章　阿里巴巴 ······ 063
第一节　总体发展情况 ······ 063
第二节　重点发展战略 ······ 064

第十四章　腾讯 ······ 067
第一节　总体发展情况 ······ 067
第二节　重点发展战略 ······ 068

第十五章　百度 · 071
- 第一节　总体发展情况 · 071
- 第二节　重点发展战略 · 072

第十六章　京东 · 074
- 第一节　总体发展情况 · 074
- 第二节　重点发展战略 · 075

第十七章　数码视讯 · 078
- 第一节　总体发展情况 · 078
- 第二节　重点发展战略 · 078
- 第三节　重点领域发展情况 · 080

第十八章　网宿科技 · 082
- 第一节　总体发展情况 · 082
- 第二节　重点发展战略 · 083

第十九章　网易 · 085
- 第一节　总体发展情况 · 085
- 第二节　重点发展战略 · 086

第二十章　美团 · 088
- 第一节　总体发展情况 · 088
- 第二节　重点发展战略 · 089

政　策　篇

第二十一章　2020年中国互联网产业政策环境分析 · 092
第二十二章　2020年互联网行业重点政策解析 · 095
- 第一节　《智能汽车创新发展战略》· 095
- 第二节　《工业数据分类分级指南（试行）》· 096
- 第三节　《关于推动工业互联网加快发展的通知》· 098
- 第四节　《贯彻落实网络安全等保制度和关保制度的指导意见》· 099
- 第五节　《关于推动5G加快发展的通知》· 100
- 第六节　《关于构建更加完善的要素市场化配置体制机制的意见》· 102
- 第七节　《网络安全审查办法》· 103
- 第八节　《中华人民共和国数据安全法》· 104
- 第九节　《中华人民共和国个人信息保护法》· 105

热 点 篇

第二十三章　新冠肺炎疫情冲击下的"互联网+"应用创新升级……… 108

第二十四章　沃尔玛、亚马逊等零售巨头大量布局智能无人系统
　　　　　　领域专利……………………………………………………… 112

第二十五章　欧盟"5G 工具箱"发布……………………………………… 115

第二十六章　美国发布《自动驾驶 4.0》…………………………………… 119

第二十七章　量子互联网将成为中美科技竞争又一重要战场…………… 124

第二十八章　从 CES 看全球智能网联汽车发展趋势……………………… 129

第二十九章　警惕中美战略博弈激化导致的断网风险…………………… 137

第三十章　　谨防美法案引发中美网络科技产业全面对抗……………… 142

展 望 篇

第三十一章　主要研究机构预测性观点综述……………………………… 147
　　第一节　综述型预测……………………………………………… 147
　　第二节　专题型预测……………………………………………… 151

第三十二章　**2021 年我国互联网产业发展形势展望**…………………… 153
　　第一节　5G 网络部署和应用创新加快推进……………………… 153
　　第二节　网络交易市场秩序将得到严格规范…………………… 154
　　第三节　互联网金融领域将步入强监管时代…………………… 154
　　第四节　互联网反垄断进入实操推进阶段……………………… 155
　　第五节　企业数据安全和个人信息保护合规工作加速推进…… 155
　　第六节　中美网络科技斗争将出现短暂缓和…………………… 156
　　第七节　新冠肺炎疫情激发互联网服务新需求………………… 156

后记………………………………………………………………………… 157

综合篇

第一章

2020年全球互联网产业发展状况

第一节　全球重点互联网领域技术发展状况

一、5G技术发展趋势

5G采用更高、更广的频率波段，可以支持更大数据容量和更多功能，然而5G也将带来新的安全风险：①5G采用虚拟化技术，资源控制高度集中，控制系统失控会波及整个网络的安全，而且网络虚拟化需要引入大量第三方软件；②在边缘计算平台上，防护能力较弱的切片很可能成为网络攻击的跳板，从而威胁整个系统的安全性。

2020年1月，欧盟ENISA发布《5G网络安全工具箱》，总结当前5G网络面临的安全风险，并提出相应的战略措施和技术措施；7月24日，发布《5G安全工具箱实施进展》，对成员国进行成熟度评级；12月10日发布《5G安全补充文件》，为确保欧盟5G网络和服务提供安全指南。

5G技术也加剧了各国网络空间的博弈。2019年5月，美国制定《干净网络战略》，在供应商方面对中国开启限制，并在频谱方面将中国视为主要风险。2020年10月8日，美国国会研究服务处（CRS）发布《5G移动通信技术对国家安全的影响》报告，指出因中国在Sub-6频段的研究处于领先地位，因此美国不应使用中国供应商提供的产品。印度最大电信网络在运营中不使用外国设备。德国政府正在起草IT安全法2.0，明确将5G技术置于首要和中心位置。马来西亚政府与行业伙伴、电信

公司、机场和医院密切合作，在兰卡威岛上建立了一个试验台，研究5G技术的应用和安全性。

二、人工智能技术发展趋势

数据治理问题是人工智能技术的主要安全风险，国际上针对新冠肺炎疫情下的个人隐私泄露问题制定了相关政策，例如，2020年3月，欧洲数据保护委员会发布《关于新冠肺炎疫情下处理个人数据的声明》；2020年6月，美国参议院引入《平衡COVID-19期间数据收集与披露法案》。

未来的战争是智能化的战争，各国也将开展人工智能在国防军事方面的研究。2018年，美国国防部发布的《人工智能战略》中指出美国必须掌握人工智能技术维持其战略领先。2020年7月31日，美国两党政策中心与乔治敦大学的安全与新兴技术中心（CSET）颁布《人工智能与国家安全》，强调在脆弱敏感的国际环境下部署人工智能技术可能会带来安全隐患。

三、物联网技术发展趋势

物联网技术随着网络终端接入的扩张，终端设备面临的安全风险也会增大。欧盟ENISA联合欧洲国际刑警组织在2020年10月召开第四届世界物联网大会，发布了物联网开发周期的安全指南《物联网安全准则》。美国在2020年12月发布《物联网网络安全改进法案》，用来确定物联网安全负责人、安全措施的实施部门、设备采购问题的修改及漏洞的探讨研究等。

受到新冠肺炎疫情影响，2020年以来特定货物的制造运输需求大量增加，物联网技术对企业发展及世界经济复兴起到至关重要作用。2020年10月，微软发布了《物联网信号》（第二版）表明企业在物联网技术使用成熟度方面有所提升。

四、区块链技术发展趋势

在实际系统中的区块链技术安全性受到各方面因素的限制，如：

①2018 年上海交通大学发布《区块链智能合约安全审计白皮书》表明智能合约漏洞占全部漏洞的 21%左右，带来的损失约为 34.8 亿美元。②根据 Atlas VPN 2020 年的报告，2020 年共发生区块链安全事件 122 起，损失金额约为 38 亿美元。

区块链技术未来的发展趋势如下：①从去中心化出发，以信息共享为基础，建立信息共享平台。②从不可篡改性出发，走向资产管理的角度，并向存证及信用管理方面扩散。③区块链技术与实体经济结合。2020 年 2 月，澳大利亚政府发布的《国家区块链路线图》指出区块链在农业、物流等能发挥巨大作用。

五、量子通信技术发展趋势

量子通信技术是基于量子纠缠效应实现信息交流的通信方式，存在的缺陷如下：①实际量子系统会因为设备的不完美性造成安全漏洞。②量子通信是多学科交叉的领域，标准制定工作困难更大。③量子通信技术设备成本较高，只有政府或国防部门可以支撑，发展不确定性较大。

当前，西方国家和地区都将量子科技视为抢占国防、经济及通信安全等方面的战略制高点。2020 年 2 月，美国白宫国家量子协调办公室发布《量子网络战略愿景》提出美国应促进量子通信与互联网的发展，确保量子信息科学惠及大众。俄罗斯在 2020 年 8 月提出"量子计算发展路线图"，拟在 2024 年前实施量子通信网络商用及量子通信物联网等相关建设。

第二节　世界主要大国网信领域热点事件

一、数字战略

2020 年 2 月，欧盟委员会连续发布三份重要的数字战略文件——《塑造欧洲的数字未来》、《人工智能白皮书》和《欧洲数据战略》。贯穿着三份战略文件的一个核心概念是，全面践行其"技术主权"和"数字自治"理念，并首次使用"网络外交工具箱"对多国实施制裁，高调宣示其战略自主。

2020 年 7 月，欧洲议会发布《欧洲的数字主权》报告，阐述了欧

盟需求"数字主权"的背景及欧洲目前正在讨论或提出的旨在增强其对数字领域自主性的各类重点问题的关切和政策法规措施。9月，欧盟委员会发布《2020战略远见报告》，强调过分依赖国际供应链会对其经济主权构成严重威胁。9月，欧盟委员会发布全新的数字金融一揽子计划，包括数字金融战略、零售支付战略、加密资产立法建议和数字运营韧性相关立法建议四个方面。9月，欧盟委员会发布《塑造欧洲数字化转型》报告，讨论了人工智能、高性能计算、先进机器人技术、虚拟现实和增强现实等一系列高影响力技术对欧洲经济、劳动力市场和社会的影响。

二、数字技术

欧盟及欧盟成员国在数字技术方面主要涉及云计算、人工智能、芯片、数字货币等方面。

在云计算方面，2020年10月，欧盟25个成员国签署了《欧洲云联盟合作宣言》，以支持泛欧洲云基础设施的开发，并刺激公共和私营部门云服务的发展。宣言旨在通过制定联合技术解决方案和政策规范，来定义欧洲通用的联盟云方法，以促进泛欧洲的可互操作的云服务。

在人工智能方面，2020年9月，美国和英国政府正式签署《人工智能研究与开发合作宣言》，以促进两国在人工智能发展方面的合作，并对人工智能规划的优先事项提出建议。12月，德国内阁批准更新后的人工智能战略，提出到2025年对人工智能的投资将从30亿欧元增加到50亿欧元。12月，欧洲投资银行集团宣布一项新的1.5亿欧元融资，以支持在欧洲从事和开发人工智能系统和服务的公司。

在芯片研发方面，2020年11月，欧洲处理器计划详细介绍了其为欧洲百亿亿次超级计算机设计6nm芯片的路线图。目标是在2022年为高性能计算生产ARM和RISC-V芯片，这将是2023年建造欧洲百亿亿次超级计算机的主要引擎。

在数字货币研究方面，2020年11月，英国财政部发布声明称，正在起草规范私人稳定币的草案，同时也在研究央行数字货币作为现金的替代品的可能性。草案要求运营稳定币的企业遵守与使用其他支付实体相同的最低标准。12月，国际清算银行创新中心瑞士中心部、瑞士央行与金融基础设施运营商SIX Digital Exchange联合成功完成整合标记数字资产与央行货币的概念性实验。

三、数字治理

欧盟及欧洲大国的数字治理主要包括限制技术出口和本国战略性企业收购、新一代信息技术监管、大型互联网巨头监管等方面。

在限制技术出口和本国战略性企业收购方面，2020年11月，欧洲议会和理事会就新修订的军民两用产品和技术出口规则达成临时协议。协议规定了授予军民两用产品和技术出口许可证的新标准，新规则强调了对网络监视技术实施更严格的出口管制，以防止滥用该技术而造成的安全威胁。

新一代信息技术监管方面，2020年9月，欧盟委员会为"欧洲高性能计算共同计划"提出了新的监管建议，以维持和提高欧洲在超级计算和量子计算领域的领导地位。同月，欧盟公布了数字货币监管方案。

大型互联网巨头（科技公司）监管方面，2020年9月，欧盟在一份拟议计划中希望被赋予惩罚大型科技公司的权力。11月，欧盟委员会发布调查结论称，亚马逊利用卖家数据规避了正常的市场竞争风险，巩固了在法国、德国等国"最大网络销售平台"的地位，违反欧盟反垄断法。10月，法国和荷兰发出联合呼吁，要求欧盟监管部门全面立法，遏制脸书、谷歌和亚马逊等互联网巨头。12月，英国竞争与市场管理局表示，应使用量身定制的规则来监管谷歌、脸书等互联网巨头，以期发挥数字市场潜力和推动创新。同月，欧盟委员会公布《数字服务法案》与《数字市场法案》提案，标志着欧盟开始针对欧洲数字市场进行了20年以来最大规模的立法改革。

四、数据治理

欧盟发布一系列数据治理相关的法律法规，在推动欧洲数据共享的同时，促进数据安全和隐私保护。2020年2月，欧盟发布《欧洲数据战略》，提出形成"健康、环境、能源、农业、流动性、金融、制造业、公共行政和技能"九个由安全技术基础设施和治理机制组成的公共数据空间。11月，欧盟委员会通过《欧洲数据治理条例》（数据治理法案）

提案。11 月，欧盟数据保护委员会发布两个指导文件，提出如果企业将欧洲用户的个人数据转移到美国及欧盟以外的其他国家和地区，必须采取严格的加密做法，以确保欧洲用户的个人数据无法被解密。2021年 1 月，欧盟理事会发布了一份新的《电子隐私条例（草案）》，旨在保护欧盟境内终端用户的隐私、通信的机密性及设备的完整性。

五、网络安全

一是更新网络安全战略。2020 年 7 月，欧盟委员会提出了 2020—2025 年新的欧盟安全联盟战略，聚焦欧洲能带来有价值的优先领域，为成员国生活在欧洲的人提供安全。12 月，欧盟委员会发布最新的《网络安全战略》，作为未来欧盟"数字十年"计划的顶层目标与基本路线。此外，欧盟委员会还通过了一项有关修订《网络和信息系统安全指令》（NIS 2 指令）的提案，提案响应了不断发展的网络安全形势，扩展了当前 NIS 指令的范围。

二是成立网络安全技能框架特设工作组。2020 年 12 月，欧盟网络安全机构 ENISA 成立了新的欧盟网络安全技能框架特设工作组，为 ENISA 制定《欧盟网络安全技能框架》标准提供建议；协助确定已制定的《欧盟网络安全技能框架》中的不足；协助对《欧盟网络安全技能框架》进行 SWOT 分析。

三是发布网络安全威胁分析报告。2020 年 10 月，ENISA 发布《2020 网络安全威胁全景》年度报告，识别和评估了 2019 年 1 月—2020 年 4 月全球主要网络威胁。12 月，ENISA 发布《人工智能网络安全挑战》报告，明确了在整个欧盟内部署安全人工智能系统和服务的挑战与机遇。

四是开展网络安全演习，增强网络安全应对能力。2020 年 10 月，欧盟 ENISA、欧盟计算机应急响应小组、欧洲疾病预防控制中心和欧洲食品安全局合作，为欧盟 ICT 咨询委员会进行了首次网络安全演练，以帮助面对网络攻击时加强其合作和信息共享。

第二章

2020年中国互联网产业发展状况

第一节 中国互联网整体发展状况

一、互联网接入环境持续优化,国际出口带宽迅速提升

2020年我国IPv6建设成果显著,据中国互联网络信息中心(CNNIC)第47次《中国互联网络发展状况统计报告》相关统计数据[①],截至2020年年底我国IPv6地址数量为57634块(32),较2019年年底增长13.3%。截至2020年12月,我国域名总数为4198万个。其中,".CN"域名数量为1897万个,占我国域名总数的45.2%,新通用顶级域名(New GTLD)数量为745万个,占我国域名总数的17.7%。互联网国际出口带宽达到10.98太比特每秒(Tbps),其中三大基础电信运营商(中国移动、中国联通和中国电信)、中国教育和科研计算机网、中国科技网国际出口带宽分别约为10.72Tbps、0.15Tbps及0.11Tbps,合计总带宽相较于2019年年底增长约30.4%。据工业和信息化部相关统计数据,截至2020年年底,我国100Mbps及以上接入速率的固定互联网宽带接入用户数占固定宽带用户总数的89.9%,光纤接入用户规模达4.54亿户,占固定互联网宽带接入用户总数的93.9%,较2019年年底提升1个百分点;三家基础电信企业发展蜂窝物联网终端用户11.36亿户,较

---

① http://www.cac.gov.cn/2021-02/03/c_1613923423079314.htm

2019 年年底增加 1.08 亿户，其中应用于智能制造、智能交通、智慧公共事业的终端用户占比分别达 18.5%、18.3% 及 22.1%。

二、互联网普及率平稳增长，手机网民比例持续增高

截至 2020 年年底，我国网民总体规模达到 9.89 亿，互联网普及率首次超过 70%，见表 2-1，相较于 2020 年 6 月我国互联网普及率的 67%，增长超过 3 个百分点，我国网民普及率处于缓慢、平稳增长阶段。上网时长方面，受 2020 年第一季度新冠肺炎疫情暴发影响，网民平均每周上网时长突增至 30.8 小时，相较于 2019 年 6 月增长 2.9 小时，随着疫情得到有效控制和复工复产有序推进，2020 年 6 月及 12 月，人均每周上网时长显著下降，分别约为 28 小时和 26.2 小时。近年来，我国信息惠民、为民政策加速推进，4G、5G 移动互联网基础设施深入广泛部署，手机智能终端渗透率不断提升，我国手机网民所占总网民比例自 2019 年 6 月超过 99%，截至 2020 年年底，手机网民比例已升至 99.7%，接近饱和，相比较之下，笔记本电脑、台式电脑、平板电脑、电视等终端上网比例有所下降。在网民结构分布层面，2020 年年底农村网民规模已超过 3 亿人，相较于 2020 年 6 月增加 2400 万人，城镇与农村网民比例由 2.29∶1 变为 2.19∶1。

表 2-1 我国网民规模及普及率情况

发布时间	2017 年 6 月	2018 年 6 月	2019 年 6 月	2020 年 6 月	2020 年 12 月
网民规模/亿人	7.51	8.02	8.54	9.40	9.89
普及率/%	54.3	57.7	61.2	67.0	70.4
手机网民比例/%	96.3	98.3	99.1	99.2	99.7

数据来源：CNNIC《中国互联网络发展状况统计报告》，赛迪智库整理。

三、创新技术基础不断涌现，产业发展注入新动能

2020 年我国电子商务产业总体运行态势向好，据商务部相关数据显示，2019 年我国电子商务交易额已达 34.8 亿元，年复合增长率为 22.3%，2020 年市场规模继续保持增长态势。跨境电子商务方面，2020

年我国新增雄安、天水、中山、江门等46个跨境电子商务综合试验区，全年我国跨境电商进出口额达1.69万亿元，增长31.1%。2020年，我国量子科技、"5G+工业互联网"等技术创新发展不断涌现，2020年10月习近平同志指出，"要充分认识推动量子科技发展的重要性和紧迫性，加强量子科技发展战略谋划和系统布局，把握大趋势，下好先手棋"。随着量子科技成为全球ICT技术和产业发展的聚焦点，我国在政策布局、技术发展和产业应用与配套等方面均在加速推进。根据中国互联网研究院相关数据显示，截至2020年6月，具备行业、区域影响力的工业互联网平台数量超过70个，连接工业设备数量达到4000万台(套)。"5G+工业互联网"创新发展提速，2020年10月工业和信息化部印发《"5G+工业互联网"512工程推进方案》，提出加强"5G+工业互联网"技术标准攻关、加快融合产品研发和产业化、加快网络技术和产品部署实施、打造5个内网建设改造公共服务平台、遴选10个重点行业、挖掘20个典型应用场景等10项重点任务。

四、融合应用场景持续丰富，网络扶贫发展成效显著

"互联网+"教育、医疗、远程办公等融合应用场景持续丰富，线上行业发展进入重要机遇期。受新冠肺炎疫情影响，2020年3月我国在线教育用户规模激增，超过4.23万人，相比较于2019年6月增长约46.8%，随着疫情得以控制，2020年年底用户规模下降至3.41万人；2020年我国在线医疗用户规模突破2亿人，国家卫健委等相关部门加速推动互联网医疗快速发展，截至2020年10月底，我国已有超过900家互联网医院，远程医疗协作网络覆盖全部地级市；截至2020年年底，我国远程办公用户规模达到3.46亿人，相较于2020年6月增长近1.5亿人，保持高速增长，随着下半年我国进入疫情常态化防控阶段，远程办公应用功能逐步丰富，各大企业也逐步建立、完善远程办公机制。电商直播方面，2020年淘宝、拼多多、快手、抖音等直播平台蓬勃发展，网络直播用户规模达到6.17亿人，相较于2019年6月增长1.84亿人，占网民整体使用率大幅提升11.7%。在国家各部门协同和上下联动的政策指导下，我国网络扶贫行动向纵深发展，其中截至2020年年底，电子商务进农村实现对832个贫困县全覆盖，"贫困地区特色农产品宣传"网

上观看比例近 54%,"直播+"农产品电商新业态在农村地区加速延伸发展。

五、数字政府建设不断提速,政务服务能力持续升级

2020 年,党中央、国务院大力推进数字政府建设,切实提升群众与企业的满意度、幸福感和获得感,为扎实做好"六稳"工作,全面落实"六保"任务提供服务支撑。截至 2020 年 12 月,我国互联网政务服务用户规模达 8.43 亿人,较 2020 年 3 月增长 1.50 亿人,占网民整体的 85.3%。据《2020 联合国电子政务调查报告》相关数据统计,我国电子政务发展指数为 0.7948,排名从 2018 年的第 65 位提升至第 45 位,取得历史新高,其中在线服务指数由全球第 34 位跃升至第 9 位,迈入全球领先行列。各类政府机构积极推进政务服务线上化,服务种类及人次均有显著提升;各地区各级政府"一网通办""异地可办""跨区通办"渐成趋势,广东"粤省事""粤商通"、浙江"浙政钉""浙里办"等数字政府相关应用陆续推出,"掌上办""指尖办"逐步成为政务服务标配,营商环境不断优化。截至 2020 年年底,全国一体化政务服务平台实名用户总量超过 8 亿人,依托该平台,全国累计近 9 亿人申领"防疫健康码",使用次数超过 400 亿人次,支撑全国绝大部分地区实现"一码通行",大数据在支撑疫情防控和复工复产中作用凸显。2020 年,全国各地区、部门"一网通办"能力持续提升,集约化建设水平显著提高;住房公积金异地转移接续、失业登记等近 50 项"跨省通办"高频事项和 190 多项在线办理服务持续接入,有效提升服务能力与质量;截至 2020 年 12 月,国家平台累计向地方部门提供数据共享交换服务 500 余亿次,电子证照共享服务超过 4.4 亿次,加速数据交换服务能力建设。

第二节 发展特点

一、网络零售市场表现持续亮眼

2020 年,我国网络零售模式不断创新,网上零售额较 2019 年增长 10.9%,实物商品网上零售额达到 9.76 万亿元,在新冠肺炎疫情影响下

实现 14.8% 的逆势增长,充分发挥电商促消费、稳就业、保民生、促转型的突出作用。网络零售不断培育消费市场新动能,一是直播带货、网络买菜、社区团购等新模式发展迅猛,依托直观互动消费体验,2020年电商直播超 2000 万场;二是依托人工智能、无人零售、无人配送等新技术加速传统零售业务改造升级,如上海虹桥机场打造基于智能识别、无感支付等技术的无人便利店,收银效率较普通便利店提高 78%;三是以网络零售打通城乡消费循环,如京东依托物联网、人工智能、区块链等技术构建农场全程可视化溯源体系;拼多多采用"农货智能处理系统"和"山村直连小区"模式,构建农货上行快速通道;四是跨境电商发挥稳外贸作用,跨境电商逆势上涨,2020 年 11 月签署的《区域全面经济伙伴关系协定》(RCEP)成为目前世界上经济规模最大的自贸协定,助推开放新格局。此外,网络直播成为数字经济新模式,实现蓬勃发展。

二、数字货币试点进程不断提速

截至 2020 年 12 月,我国网络支付用户规模达 8.54 亿人,相较于 2020 年 3 月增长超过 8600 万人。网络支付通过聚合供应链服务,辅助商户精准推送信息,助力我国中小企业数字化转型,推动数字经济发展;移动支付与普惠金融深度融合,通过普及化应用缩小我国东西部和城乡差距,促使数字红利普惠大众,提升金融服务可得性。截至 2020 年 12 月,央行数字货币已在上海、深圳、重庆、杭州、苏州等多个试点城市开展数字人民币红包测试,拓展覆盖面向政务服务、餐饮服务、生活缴费、交通出行、购物消费等领域的近 5 万个试点场景。未来将在数字货币研发、应用、推广等多环节吸引资源,以功能不断迭代优化和消费场景的升级拓展,为网民提供更多数字化生活便利。

三、短视频生态圈创新建设加速

截至 2020 年 12 月,我国网络视频用户规模达 9.27 亿人,相较于 2020 年 3 月增长超过 7600 万人,其中短视频用户规模为 8.73 亿人,相较于 2020 年 3 月增长约 1 亿人,占网络视频用户总数的 94.2%。短视

频生态圈涵盖范围不断拓展，一是以匠心精制的制作理念逐步推动网络视频行业的认可和落实，大幅提升节目质量；二是依托优质内容支撑，视频网站开始尝试优化商业模式，并通过各种方式鼓励产出优质短视频内容，提升短视频内容占比，增加用户黏性；三是短视频平台通过推出与平台更为匹配的"微综艺""微剧"试水，进而逐步拓展至长视频领域；四是衔接网络直播带货、网络支付等应用环节，共建产业发展生态闭环，实现精细化运营、个性化推送与营销等一体化发展新模式；五是大力拓展短视频应用海外市场业务，目前部分应用在北美、南亚等地区面临一定政策风险，需根据国际形势和当地法律法规做出及时调整。

四、亟须稳妥处理互联网企业合规发展问题

2020年，我国发布涉及平台经济领域反垄断、网络小额贷款业务、网络交易市场、网络直播营销等若干个管理规章制度，在2020年12月中旬中央经济工作会议中将"强化反垄断和防止资本无序扩张"纳入2021年的工作重点中，其中指出国家支持平台经济企业创新发展，但要依法规范发展，健全数字规则，完善平台企业垄断认定、数据收集使用管理、消费者权益保护等方面的法律规范；加强规制，提升监管能力，坚决反对垄断和反不当竞争行为。上述规章制度和工作推进重点将会对2021年各类互联网企业发展产生重大影响，按照目前征求意见稿相关内容来看，绝大部分网络科技企业都需要重新调整基于技术创新应用的商业模式，尤其是网络小额贷领域的很多企业可能会因为商业模式不合规而被迫退出市场。之前互联网领域发布的行业管理规章都是在发布后短期内立即生效的，由于平台经济领域反垄断、网络小额贷款业务等领域新规章制度对企业发展影响更大，需要给予企业更长时间的过渡期，以避免引发大量企业因不合规停止服务或退出市场，对行业造成系统性冲击。

行 业 篇

第三章 移动互联网

第一节 总体发展情况

一、移动互联网用户量持续增长

截至2020年12月,我国互联网用户总数保持在9.89亿人,较2020年3月提升5.9个百分点。其中,移动互联网用户占互联网总体用户比例持续提升,截至2020年12月,手机网民占网民数量的比重已高达99.7%,手机网民规模达9.86亿人,较2020年3月新增8885万人(见图3-1)。各类手机应用的用户规模不断上升,场景更加丰富,强化了移动互联网的主导地位。从增长率看,手机网络支付、手机网络购物、手机即时通信的用户规模增长最为显著,增长率较2020年3月分别增长11.4%、10.3%和9.9%,而手机在线教育和手机网络游戏的用户规模出现负增长,较2020年3月分别下降18.9%和2.4%。从规模看,手机即时通信以99.3%的网民使用率位居各类应用使用率排行第一,用户规模达9.8亿人。

二、移动互联网接入流量较快增长

线上线下服务融合创新保持活跃,各类互联网应用加快向四五线城市和农村用户渗透,使移动互联网接入流量消费保持较快增长(见图3-2)。

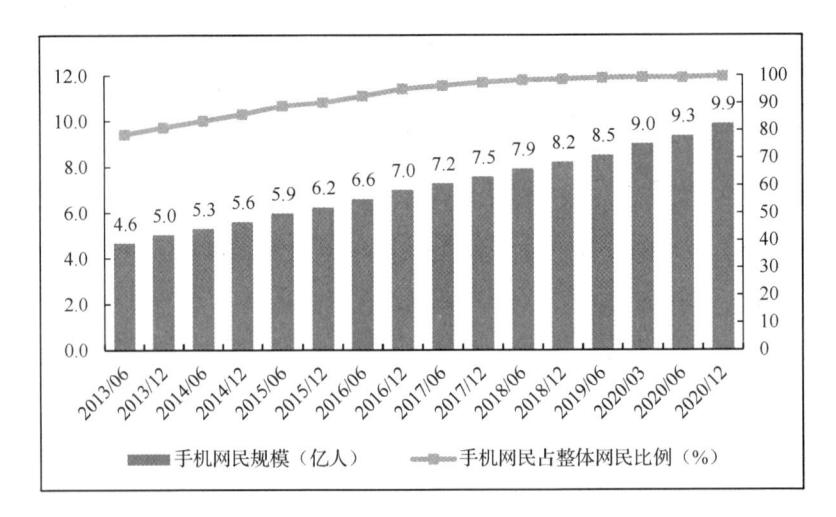

图 3-1 我国手机网民规模及其整体网民比例

数据来源：CNNIC 赛迪智库整理，2021.04

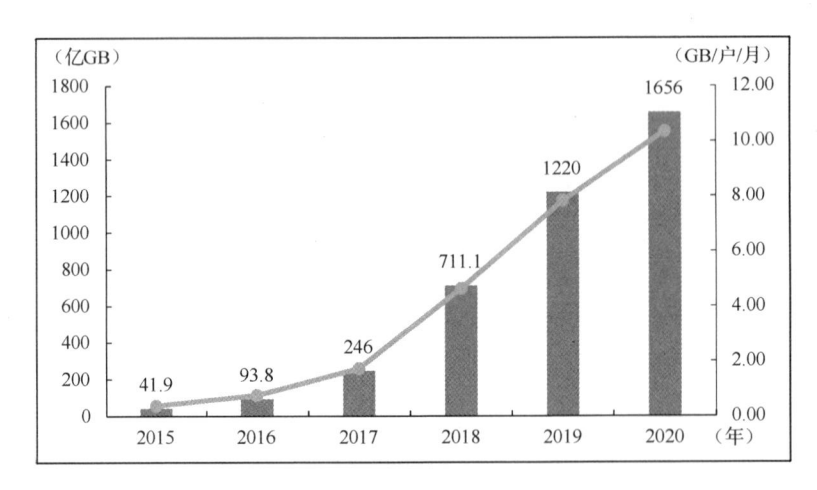

图 3-2 2015—2020 年移动互联网接入流量及月 DOU 增长情况

数据来源：工业和信息化部，赛迪智库整理，2021.04

受新冠肺炎疫情冲击和"宅家"新生活模式等影响，移动互联网应用需求激增，线上消费异常活跃，短视频、直播等大流量应用场景拉动移动互联网流量迅猛增长。截至 2020 年 12 月，我国移动互联网接入流量消费达 1656 亿 GB，比 2019 年增长 35.7%；其中，通过手机上网的流量达到 1568 亿 GB，同比增长 29.6%，占移动互联网总流量的 94.7%。

全年移动互联网月户均流量（DOU）达 10.35GB/户/月，比 2019 年增长 32%，12 月当月 DOU 高达 11.92GB/户。

从区域来看，西部地区移动互联网流量增速在全国领先，继续保持较快增长。2020 年，东部地区移动互联网接入流量达到 700 亿 GB，比 2019 年增长 31.9%，占比达 42.29%，仍是移动互联网应用的主要地区；中部地区移动互联网接入流量达到 357 亿 GB，同比增长 36.5%；东北地区移动互联网接入流量达到 93.4 亿 GB，同比增长 29%；西部地区移动互联网接入流量达到 505 亿 GB，同比增长 42.37%，增速比东部、中部和东北增速分别高 10.4、5.8 和 13.3 个百分点。2020 年 12 月，西部地区当月户均流量达到 13.81GB/户/月，比东部、中部和东北地区分别高 2.02GB、3.25GB 和 3.78GB。

三、移动互联网用户上网时长保持增长

随着网络资费的持续下降和互联网应用体验的不断改善，互联网用户对网络的依赖程度进一步加深，用户上网时长逐年递增。据 QuestMobile 数据，2020 年全网月均月活跃用户（MAU）达到 11.55 亿人（见图 3-3），从年初的 11.45 亿人到 12 月的 11.58 亿人，净增 1303 万人，相比 2019 年月均同比增速为 1.7%；用户人均单日使用时长达到 6.4 小时，创下新高，同比增长 4.9%。

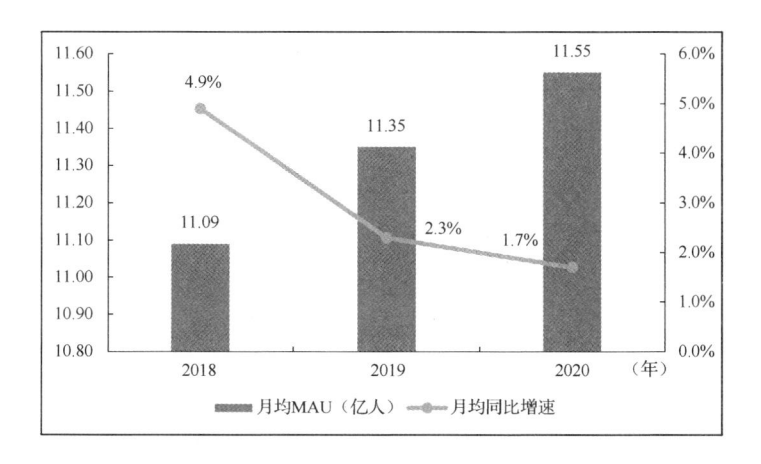

图 3-3 2018—2020 年移动互联网月均月活跃用户及月均增长情况
数据来源：QuestMobile，赛迪智库整理，2021.04

四、我国移动应用程序数量整体呈下降态势

截至 2020 年 12 月底，我国市场上监测到的移动应用（App）为 345 万种，比 2019 年减少 22 万种，下降 6.0%（见图 3-4）。其中，本土第三方应用商店 App 数量为 205 万种，占比为 59.42%，比 2019 年略有增长，苹果商店（中国区）App 数量为 140 万种，占比为 40.58%。

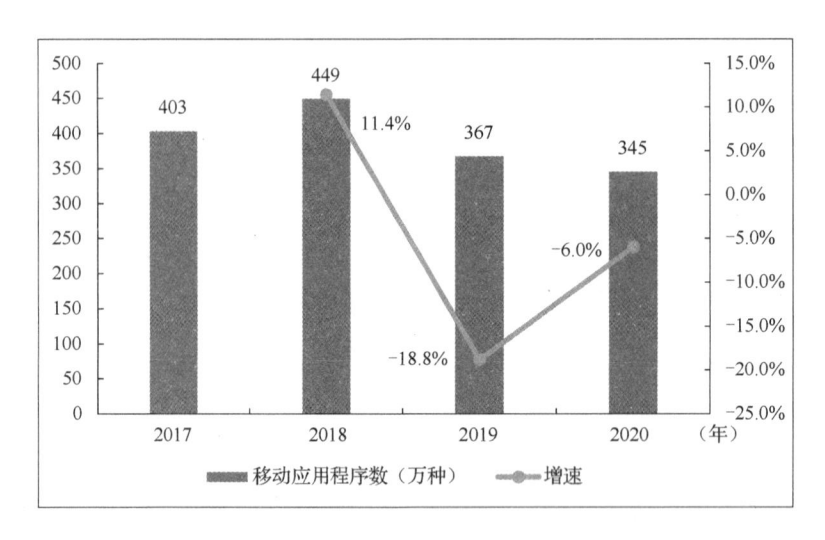

图 3-4　2017—2020 年移动应用程序数量及增速情况
数据来源：工业和信息化部，赛迪智库整理，2021.04

在市场应用规模中，游戏类保持领先。截至 2020 年 12 月底，移动应用规模排在前 4 位种类（游戏、日常工具、电子商务、生活服务）的 App 数量占比达 59.2%，其中游戏类 App 数量继续领先，达 88.7 万种，占全部 App 比重的 25.7%，比上年减少 2.2 万种，但比重增加 1 个百分点；日常工具类和电子商务类 App 数量分别达 50.34 万种和 34 万种，分列移动应用规模第 2、3 位。生活服务类 App 数量超过社交通信类，达到 31 万种，上升为第 4 位。其他 10 类 App 占比为 40.8%。

在市场热点应用中，音乐视频类、社交通信类、游戏类、日常工具类、系统工具类应用下载量超过千亿次。截至 2020 年年底，我国第三方应用商店在架应用分发总量达到 16040 亿次。其中，游戏类下载量达 2584 亿次，下载量排第 1 位；音乐视频类下载量达到 1993 亿次，排第

2 位；日常工具类、社交通信类、系统工具类、生活服务类、新闻阅读类分别以 1798 亿次、1790 亿次、1493 亿次、1434 亿次、1245 亿次分列第 3~7 位；电子商务类下载量首超千亿次，达 1007 亿次。在其余各类应用中，下载总量超过 500 亿次的应用还有金融类（806 亿次）、教育类（690 亿次）和摄影类（586 亿次）。

第二节　创新进展

一、5G 商业化全面普及

2020 年，国内 5G 商业化全面普及，全年新增 5G 基站约 58 万个，实现国内大部分地级市覆盖 5G 基站；同时 5G 终端、5G 套餐加速普及，带动 5G 应用加速落地。根据 QuestMobile 数据，截至 2020 年年底，在移动视频、移动社交、手机游戏三大领域，5G 用户数已经超过非 5G 用户。随着国内 5G 发展进入快车道，移动互联网迎来新的发展机遇，超高清视频、VR/AR 等场景应用快速发展，进一步推动短视频、远程直播等视频内容消费的普及。此外，5G 助力云网边端，协同数据处理，提升终端计算、渲染效果，带动从人与人的连接向人与物的连接、物与物的连接演变，促进物理空间、数字空间和网络空间的深度融合。

二、疫情加速"线上+线下"双向渗透融合

2020 年，新冠肺炎疫情加速线上与线下的双向渗透融合，带来消费模式的明显变化。餐饮外卖、生鲜、医药、家政、维修等本地生活领域的线上线下融合速度进一步加快，远程办公、远程教育、远程招聘的普及率快速增加，在国内疫情基本结束后仍居应用高位；社区团购、生鲜电商、直播带货等多种新消费模式快速发展，成为 2020 年移动互联网的增长热点。阿里巴巴、腾讯、字节跳动等企业纷纷加速线上、线下场景的融合，争夺流量入口，形成覆盖多领域的生态体系；美团、拼多多、滴滴等企业以核心业务场景为依托扩宽上下游业务边界，形成新的竞争优势。

三、政府行业监管得到加强

2020 年，随着新冠肺炎疫情带来移动互联网领域的快速洗牌，政府出台了一系列行业监管措施，规范行业创新发展。在反垄断领域，相关部门加强反垄断法制建设。2020 年 1 月，市场监管总局就《〈反垄断法〉修订草案》公开征求意见，2021 年 4 月正式发布；国务院反垄断委员会于 2021 年 2 月发布《关于平台经济领域的反垄断指南》，限定交易、低于成本销售、差别待遇、搭售或附加不合理交易条件等行为，或被认定为垄断。此外，市场监管总局全年依法对阿里巴巴投资收购银泰商业、腾讯系阅文集团收购新丽传媒、丰巢网络收购中邮智递 3 起平台企业违法实施经营者集中案件做出行政处罚，进一步强化平台经济领域反垄断监管。此外，网络市场监管总局等十四部门联合发布《关于印发 2020 网络市场监管专项行动（网剑行动）方案的通知》，治理网上销售侵权假冒伪劣商品等问题，进一步落实电子商务经营者责任。

第三节　发展特点

一、移动互联网用户结构加速变化

移动互联网用户结构加速变化，由"地域下沉"向"年龄下沉"转变。从用户的地域结构看，三四线城市用户成为移动线上的消费主力，但增长趋势放缓。根据 QuestMobile 数据，截至 2020 年年底，来自三四线城市的移动互联网用户占比达到 57.8%，与 2019 年基本持平。从用户的年龄结构看，用户群体向中高龄人群渗透明显加快。根据 CNNIC 数据，截至 2020 年年底，50 岁及以上网民群体在网民整体中占比达 26.3%，较 2020 年 3 月增长 9.4 个百分点。2020 年 11 月，国务院印发《关于切实解决老年人运用智能技术困难的实施方案》，为进一步方便移动互联网向中高龄人群渗透奠定坚实基础。

二、生态化付费会员成为争夺焦点

用不同的方式吸引付费会员成为各平台运营的着力点。自带组合优

惠和多方面权益的生态化会员权益设计及联合跨界会员设计将得到更多用户的青睐。如腾讯联合中国联通共同推出了腾讯王卡，据公开资料显示，腾讯王卡的发卡量已经超过 1 亿张，使用腾讯王卡的用户可以享受腾讯应用的免流量特权，覆盖社交、音乐、视频、游戏等多种场景。而阿里巴巴推出的 88VIP 会员只需要 88 元就可以享受阿里生态体系内多个应用产品的会员权益。除了这种整套的集团化会员模式，还有跨界联合的会员模式，如爱奇艺与京东打通了双方的会员体系。以上种种会员模式可以认为是各平台在流量红利消失的局面下探索出的新型用户运营之道。企业通过付费会员模式，一方面可以有效提高用户黏性，与原本的单会员模式相比，可以构成由多款产品组成的"护城河"，大大降低了用户使用其他产品的可能性，提高了品牌忠诚度；另一方面，对于用户而言，多家联合的模式对用户的吸引力更高，用户可以用更少的金额获取更多的会员权益，复购率也有可能提高。

三、人工智能、虚拟现实等新技术加速规模化商用

人工智能开始进入规模化商用阶段，被主动用于金融、物流、教育、交通制造、电商决策等多个领域。新技术不断推动移动互联网行业的升级。BAT 等巨头开始调整组织架构，大力提升 to B（面向企业）业务的战略地位和发展速度，虽然各自的突破方向不同，但投资布局的焦点大多都围绕产业互联网的技术层面。如百度从人工智能技术切入，向各行业输出人工智能能力，推动产业智能化转型；阿里巴巴以电商、金融及云服务为技术基础，对多个行业进行数字化、智能化改进；腾讯构建云、人工智能、安全等底层基础设施，做企业的数字化助手。

四、热点应用集中化程度持续增强

移动互联网应用的马太效应增强，成为移动支付、电商、视频、交通等多领域的普遍趋势。移动支付场景最为突出，微信支付与支付宝双寡头竞争格局较为稳固，但字节跳动、快手等短视频平台陆续进军支付领域。电商领域的"一超两强"局面形成，阿里巴巴、京东、拼多多均向下沉市场、线下供应和社交领域寻求突破。短视频领域中抖音、快手

的双寡头竞争格局已成型，综合视频领域中爱奇艺和腾讯视频双雄争霸，头部集中趋势明显。在地图导航市场中，高德地图、百度地图占据绝对优势，而同城货运的司机和订单也在向头部平台集中，滴滴出行、货拉拉分别在网约车、货运平台领域占据绝对优势。随着头部企业在激烈的品牌竞争中大量针对性地投入，留给其他企业的用户空间持续减小。

第四章

工业互联网

第一节 总体发展情况

一、产业规模不断壮大

在产业方面，工业互联网推动产业融合升级，促进产业经济快速发展。工业互联网依托 5G、大数据、AI 等新技术，不断构建新生态体系，以科技创新引领产业转型升级。5G 支撑工业互联网融合创新，奠定产业发展基础。我国不断推进"5G+工业互联网"融合创新，全国相关建设项目超过 1100 个，工业互联网创新发展工程顺利推进，取得良好成果。

工业互联网产业实现全国布局，相关区域建设有序开展：一是区域协同发展；二是企业上云加速；三是产业联盟形成。据了解，截至 2020年 11 月，工业互联网产业联盟成员单位已达 1778 家，相关技术、标准、研发、应用等方面的产业合作不断增强，对制造业数字化转型和实体经济高质量发展的支撑作用日益显现。

二、创新发展不断增强

在平台创新方面，工业互联网平台发展壮大，解决方案不断产生。CNNIC 报告中显示，截至 2020 年 6 月，具备行业、区域影响力的工业互联网平台超过 70 个，连接工业设备数量达 4000 万台（套），工业 App 突破 25 万种，工业互联网平台服务工业企业数近 40 万家。工业互联网

双跨平台,积极与新兴前沿技术融合创新发展,培育形成创新解决方案。

在解决方案方面,人工智能和工业相结合的解决方案成为新的发展热点。当前,人工智能和工业结合的解决方案主要以供应链的形式为机器人企业、智能设备企业和工业互联网解决方案企业提供技术服务,联合服务制造业客户。其核心的智能视觉包括3D视觉与自主路径规划、机器视觉技术、一体化解决方案、视觉图像算法、智能视频解决方案等。

在工业设备方面,工业机器人创新引领无人工厂和工业物流的革新。通过助力制造业转型升级,工业机器人产业获得了较快发展。2020年1—12月,全国工业机器人完成产量237068台,同比增长19.1%。在无人工厂领域,焊接机器人逐步覆盖航空航天、高端装备、轨道交通等领域。

第二节　产业布局

2020年,我国环渤海、长三角、珠三角和川渝四个区域性工业互联网产业集聚性特征进一步凸显。环渤海地区,北京和山东是环渤海地区的核心地带,拥有航天云网、树根互联、用友、海尔和浪潮等工业互联网龙头企业,2020年山东获批建设"工业互联网示范区"。长三角地区,工业互联网产业已具规模,拥有上海宝信、徐工信息、浙江阿里云等工业互联网平台企业。2020年1月,上海、江苏、浙江和安徽签署《共同推进长三角工业互联网一体化发展示范区建设战略合作协议》,推进长三角工业互联网集群式发展。珠三角地区,是我国工业互联网发展的前沿地区。依托华为、美云智数、机智云、富士康等企业形成了"一横多纵"跨行业、跨企业的工业互联网平台模式。2020年广东获批建设"工业互联网示范区"。川渝地区,是我国重要的制造企业聚集区。2020年重庆和四川签署了《成渝工业互联网一体化发展示范区战略合作协议》,将通过一张"工业互联网",支撑成渝地区双城经济圈建设。

第五章

电子商务

2020年，面对新冠肺炎疫情的巨大冲击和复杂的国内外形势，我国电子商务市场继续呈现稳健增长态势。交易规模、物流业务量、从业规模等方面实现持续增长，新业态新模式不断涌现，治理水平不断提高，助推我国经济社会数字化转型加速发展。

第一节 总体发展情况

一、交易规模继续增长

2020年，新冠肺炎疫情一定程度上加速了传统经济数字化转型进程，电子商务平台在助力抗击疫情、拉动消费回补等方面发挥了重要作用。据国家统计局数据显示，2020年，全国电商交易额为37.21万亿元，比上年增长4.5%。其中，商品、服务类电商交易额为36.03万亿元，同比增长4.3%；合约类电商交易额为1.18万亿元，同比增长10.4%。

从交易品类看，线上商品交易活跃，市场份额最大。2020年，商品类电商交易额为27.95万亿元，同比增长7.9%，网上零售额增长10.9%，交易规模持续扩大。其中，对单位交易额为18.11万亿元，增长3.7%，对个人交易额为9.84万亿元，增长16.6%。另一方面，受疫情影响，服务类电商交易额为8.08万亿元，同比下降6.5%，与居民生活密切相关的煤气水电缴费、住宿预订和餐饮外卖等各项服务线上交易增幅持续扩大，在线餐饮销售额增长2.2%。此外，合约类电商交易方面，大宗商品类交易额为1.15万亿元，增长10.9%；权益类交易额为

206.0 亿元，增长 29.6%；文化艺术品类交易额为 82.29 亿元，下降 49.2%；其他类交易额为 47.20 亿元，增长 38.8%。

从地区层面看，东北地区、西部地区电商规模增长幅度较大。2020 年东部地区电商交易额为 24.12 万亿元，同比增长 2.5%。中部地区交易额为 5.20 万亿元，增长 5.5%。西部地区交易额为 5.49 万亿元，增长 10.0%。东北地区交易额为 1.22 万亿元，增长 12.3%。

二、物流业务量再创新高

在电子商务的带动下，电商物流行业继续向好。2020 年，受新冠肺炎疫情影响，我国快递业务量增速经历了从负到正再到重回高位运行的转变。据国家邮政局数据，全国快递业务量 1 月低位运行，首现负增长，2 月恢复为正增长。自 9 月 10 日快递业务量达到 500 亿件开始，每月都登上一个百亿级台阶。据国家邮政局中国快递大数据平台实时监测，截至 2020 年 12 月 21 日上午，我国快递业务量首超 800 亿件，又一次创造了快递发展史的新纪录，凸显出快递市场的繁荣活跃。2020 年，我国邮政业的业务总量和业务收入分别达到 2.1 万亿件和 1.1 万亿元，同比分别增长 29.4% 和 14.1%，业务收入与 GDP 比值超过 1%。

三、从业规模不断扩大

随着传统服务业企业纷纷涉足电子商务、新零售业务，电子商务与实体经济加速融合发展，创造了大量就业岗位，激发了更多人才新需求，电子商务从业规模继续壮大。2020 年，仅社交电商市场的从业人员规模就超过了 7700 万人，从业者开始从四五线城市逐步向二三线城市渗透，从"90 后""00 后"为主开始扩展至全年龄段，从低收入人群兼职开始演变为高收入人群全职及传统意义上的白领、金领开始以不同形式参与到不同类型的社交电商业务中。

第二节 发展特点

一、社交电商异军突起

我国社交电商已逐渐分化出内容电商、零售电商、分享电商等平台产品。与传统电商相比，社交电商能够直连货源，在供应链方面具备独特优势，尤其新冠肺炎疫情期间，社交电商异军突起，助力传统企业在一定程度上解决了销售难题，以小程序、直播为代表的社交电商平台表现亮眼。微信平台聚集了大量用户，平台的社交性、互动性较强，多种产品形态为营销方创造了较好的用户拓展和留存条件，微信群、公众号、微信小程序都是收割流量的利器。京喜是京东在拼购的基础上孵化的社交电商平台，面向下沉市场的新兴消费群体，是京东全面下沉的重要战略平台，2019 年 9 月 19 日正式上线，利用拼购和自营快递人员等优势，借助微信生态收割流量。抖音自 2018 年 1 月开始涉足直播电商，2020 年 1 月平台日货量突破 4 亿件，目前平台主要基于短视频带货模式，抖音小店是其自有平台，还有众多第三方电商平台。此外，社交电商平台还有阿里巴巴的淘小铺、钉钉圈子、苏宁推客等。

二、网络零售市场增长迅速

2020 年，我国网络零售总额在社会商品总零售额中占比继续提高。据国家统计局数据显示，2020 年全国网上零售额达 11.76 万亿元，较 2019 年规模扩大 1.13 万亿元，同比增长 10.9%。其中，实物商品网上零售额约为 9.76 万亿元，同比增长 14.8%，占社会消费品零售总额的比重为 24.9%，较上年提升 4.2 个百分点。从品类看，2020 年实物商品网络消费中，吃、穿、用类商品同比分别增长 30.6%、5.8%和 16.2%。从销售规模看，服装鞋帽针纺织品、日用品、家用电器和音像器材排名前 3 位，分别占实物商品网络销售额的 22.3%、14.5%和 10.8%。2020 年，"宅经济""家场景"及绿色健康消费受到青睐。截至 2020 年年底，我国网络零售平台店铺数量为 1994.5 万家，同比下降 0.8%。其中，实物商品店铺数 955.5 万家，占比 47.9%。15 家在境内外上市的网络零售和生

活服务电商企业总市值达到13.59万亿元。其中，拼多多、美团点评、小米、京东、唯品会等多家企业市值较去年同期有较大提升。

三、农村电商助力数字乡村建设

近年来，我国大力推动农村互联网建设，出台了《关于实施乡村振兴战略的意见》《乡村振兴战略规划（2018—2022年）》等政策文件。农村电商通过网络平台，拓展农村信息服务的种类和领域，正在让越来越多的农民脱贫致富。据商务部数据，2020年，全国农村网络零售额为1.79万亿元，同比增长8.9%，其中农村实物商品网络零售额为1.63万亿元，同比增长10.5%，分别低于全国增速2.0和4.3个百分点。从品类看，服装鞋帽、日用品和粮油食品销售额占比位居前3位，分别为28.4%、17.7%和8.9%；药品、烟酒、通信器材、粮油食品的商品零售额同比增速都超过了30%。从地区看，东部地区农村电商最为发达，东、中、西和东北地区农村网络零售额占全国比重分别为77.9%、14.1%、6.4%和1.6%，同比增速分别为8.1%、9.1%、15.8%和21.5%。

四、跨境电商发展持续升温

2020年，跨境电子商务在行业龙头引领和有关政策支持下继续加速发展。大型电商平台企业在海外布局分支机构，扩大贸易范围，丰富商品种类，提升电商服务品质。有关政府部门简政放权，优化外贸政务服务，为跨境电商营造良好发展环境，推动跨境电子商务自由化、便利化、规范化发展。目前，中国已经与五大洲22个国家建立了双边电子商务合作机制，"丝路电商"正成为"一带一路"建设中颇具发展潜力的经贸合作新引擎。据商务部数据，2020年，通过海关跨境电子商务管理平台验放进出口清单24.5亿票，同比增长63.3%；我国跨境电商进出口1.69万亿元，增长了31.1%；原产自日本、美国和韩国的商品跨境进口额位居前3位，占整体跨境网络零售进口额的39.5%，跨境进口额排名前10位的国家和地区占跨境进口总额的67.9%。2020年，全国建设105个跨境电商综合试验区，地域范围覆盖了30个省（自治区、市），形成了陆海内外联动、东西双方互济的发展格局，综试区将继续通过开展先行先试，并适用跨境电商零售出口税收和零售进口监管等政策措施，促进跨境电商发展。

五、直播电商发展迅速

直播电商自 2016 年兴起后，游戏平台、社区、工具平台等纷纷入局，积极探索直播电商的发展方向和模式。直播电商具有生动直观、实时互动、内容多样化、粉丝效应等特点，在购物体验上更贴近于线下零售思维，同时可提升传统电商的效率。数据显示，2019 年中国在线直播行业用户规模已增长至 5.04 亿人，增长率为 10.6%，根据中国互联网信息中心报告显示，2020 年我国网络直播用户规模达 6.17 亿人。快手、淘宝直播、抖音成为直播电商的前三强，其中，淘宝直播占直播电商市场近一半的市场份额。2020 年，直播电商迎来了新的变革。相关政策的出台对直播带货的健康发展提供了行为约束。薇娅"5·21 宠粉节""6·18 大促""李佳琪直播间"等吸引了大众的注意，明星与总裁纷纷下场直播使得直播带货呈现多元化发展态势。短视频直播平台未来有望在娱乐之外，成为连接普通人日常生活需求的数字化入口。

第六章

云计算

2020 年，随着容器技术、云原生等技术架构的创新发展，以及用户需求的多元化拓展，云计算呈现多种形态交互混合式发展。云计算与 5G、人工智能等领域的融合发展加速升级。云服务逐渐深入千行百业，成为我国经济社会数字化、网络化、智能化升级的重要技术基础。

第一节 总体发展情况

一、全球云计算市场规模继续保持增长

2020 年，全球公有云市场继续保持增长态势。IDC 数据显示，全球公有云（含 IaaS、PaaS 和 SaaS）的市场规模达到 3124.2 亿美元，同比增长 24.1%。其中，中国公有云服务整体市场规模为全球各区域增速最高的，达到 193.8 亿美元，同比增长 49.7%。据 IDC 预测，到 2024 年，中国公有云服务市场的全球占比将从 2020 年的 6.5%提升至 10.5%以上。2020 年，全球公有云市场增长迅速，尤其以 IaaS 市场为最高，同比增长 33.9%，达到 671.9 亿美元。全球 IaaS 市场排名前五的云服务商分别是 AWS、微软、阿里巴巴、谷歌、IBM，前五强占据了 77.1%的全球市场份额，除前五名外，腾讯、华为、中国电信、百度、金山等云服务商的市场占有率也很可观。

二、我国云计算产业呈现高速发展态势

与全球云计算市场相比，我国云计算市场仍保持较高增速。2020

年，我国 IaaS 市场规模同比增长 53.7%，达到 119.3 亿美元，比全球市场增速的 33.9%高出近 20 个百分点。虽然下半年较上半年有所回落，但第四季度我国 IaaS 市场增速依然达到了 51.8%。据 IDC 数据，2020 年第四季度我国 IaaS 市场规模为 34.9 亿美元，阿里巴巴仍占据市场份额第一，其后分别是华为、腾讯并列第二，以及中国电信和 AWS，排名前五的云服务商占据了 77.4%的市场份额。此外，位居前列的还有金山、百度、浪潮、京东、中国移动、UCloud 等云服务商。

各大机构的数据综合显示，阿里云仍是我国云服务行业的龙头。在营业收入规模方面，阿里云约占我国云服务市场份额的 40%。2020 财年（2019 年 4 月 1 日至 2020 年 3 月 31 日），阿里云计算业务营业收入达到 400 亿元，超过腾讯云（2019 年营业收入为 170 亿元）和中国电信天翼云（2019 年营业收入为 71 亿元）之和。据 Gartner 最新的云厂商产品评估报告，在计算大类中，阿里云以 92.3%的高得分率获得全球第一；在存储和 IaaS 基础能力大类中，阿里云排名全球第二。

第二节　发展特点

一、容器技术迅速发展，Kubernetes 容器应用成主流

云计算传统的部署方式是通过插件或脚本安装应用，缺点是应用的运行、配置、管理等所有生存周期将与当前操作系统绑定，不利于应用的升级更新或回滚等操作。近年来新的方式是通过容器方式部署实现，即每个容器之间互相隔离，每个容器都有自己的文件系统，容器之间进程不会相互影响，能区分计算资源。容器可以实现快速部署，与底层设施、机器文件系统解耦，因此能在不同云、不同版本的操作系统间进行迁移。谷歌 2014 年推出的 Kubernetes 目前已被视为容器技术的核心应用。Kubernetes 为云计算带来了突破性的解决方案。如今，云计算环境中容器协调器的重要性越来越被业内认可，跨云平台统一是开发者关注的话题，云计算基础设施厂商越来越重视与 Kubernetes 的合作。我国云容器技术发展迅速，据 IDC 发布的 *PRC SDC Software Market Overview，2020H1* 报告显示，华为云容器软件市场份额排名中国第一，位居全球

第二。

二、云原生架构成热点，推动行业应用加快云化进程

云原生架构对比传统 IT 架构的优势在于可以充分利用云计算的分布式、可扩展和灵活特性。例如，云原生数据产品支持计算、存储节点的单独扩展，可提供弹性扩展、海量存储、一份数据多种计算模型及低成本等能力，从根本上解决了传统数据仓库的架构问题。阿里云的云原生数仓 AnalyticDB，采用存储计算分离和多副本架构，与 MySQL、Oracle 兼容性很好，大幅降低了应用迁移成本。云原生产品服务有效降低了各行业企业上云的门槛，让系统更加弹性、可靠、容错，可实现松耦合、易管理、可观测，推动实现云计算技术价值的最大化。云原生已成为全球新一代云计算的代表性架构体系。据 Gartner 数据预测，到 2022 年，75%的全球化企业将在生产中使用"云原生的容器化应用"。我国云服务商在云原生架构领域也耕耘已久。阿里云宣布成立云原生技术委员会并在"双十一"核心系统首次实现全面云原生化。腾讯云推出 8 款云原生产品，升级云原生矩阵。华为云推出云原生产业白皮书和行动计划。2020 年，新冠肺炎疫情造成在线办公、远程教育、视频流媒体、在线游戏等需求迅猛增长，也显著推动了上述行业应用的云原生改造。

三、业务需求逐渐多元化，多云成为主流选择

多云，顾名思义即云服务方案不仅使用一种云模型或一家云服务商的云计算产品，如公有云或私有云，而是根据自己实际业务需求使用不同的组合型云服务模式。对于重点追求应用和需求的高性能的云服务而言，目前看单一云服务器、私有云或公有云不能满足要求，每个用户企业都需要定制化的自定义云生态系统。企业使用多云模式可以更好地获得竞争优势，与市场保持同步。虽然愿景很美好，但是目前多云技术尚不成熟。一是多云的评价矩阵十分复杂，多个云平台的管理、跟踪、监控和保障还较为困难，会使云服务企业可能难以维持服务，造成混乱、运维困难及多云的失败。二是多云的安全问题更难保障，虽然公有云拥有强大的原生安全系统，但是同时使用多个公有云的服务安全性无法被

完全保证。最好的解决方案是为不同的云系统制订相同的安全解决方案，可惜目前对于多云的安全问题还没有固定的解决方案模式。

四、云平台运维成本提升，自动运维技术受关注

云平台系统受硬件成本、设施规模、数据安全等多种因素影响，运维操作非常复杂，而运维能力对云计算而言至关重要。目前容器技术的广泛应用也给运维增加了新的难度。与此同时，越来越多的企业利用 DevOps 实现开发运维一体化，要求运维需要面向企业的业务目标，将运维的重心从设备运维转移至应用运维上，因此自动运维技术成为发展重点。云计算厂商纷纷转型自动运维，DevOps 技术逐渐成为关键手段。支持混合云的 CMDB 服务器越来越多转移到了云上，而公有云、私有云平台都拥有比较完备的资源管理的 API，这些 API 就是构建自动化 CMDB 的基础，自动运维平台可以基于 API 来自动维护和管理相关的服务器、存储、网络、负载均衡的资源。自动运维能够提供比较完备的监控和应用性能分析能力，支持对平台可用性、服务器性能、各种服务（web 服务、应用服务、数据库服务）的性能进行监控。此外，在系统安全方面，自动运维可以借助相关安全工具进行漏洞、供给检测，节省运维成本。

五、云计算技术创新加快，与人工智能、5G 融合更加深入

2020 年，人工智能与云计算产业发展的融合不断加速。人工智能在数据管理和多云环境的不同环节扮演越来越重要的角色，如数据采集及数据的分析，机器学习等人工智能工具的使用能够保证数据采集及数据分析的可靠稳定。此外，云服务解决了企业数据和技术的统一，对于众多中小企业而言，以云服务方式，获取人工智能软件应用及人工智能算力是企业智能化转型的最佳选择。据 IDC《中国人工智能云服务市场研究报告》显示，2019 年中国人工智能云服务市场规模达 1.66 亿美元，2018—2024 年 CAGR 将达到 93.6%，AI 能力已成为用户选择云服务时的重要考量因素。云端 AI 计算从几年前 AI 训练占 80%、AI 推理占 20%，到如今各占一半，云端 AI 计算已经面向各行各业，形成集训练推理、

云桌面、图形图像设计等为一体的多元化场景。5G 时代已经来临，云网融合成为新的发展趋势，运营商专家分析，在连接终端数量有望超过 1000 亿台、数据大爆炸的 5G 时代，采用融合开放的云化基础架构成了运营商数字化转型的必然选择，5G 网络的云化部署已经成为业界的共识。5G 的出现也为云服务拓宽了发展方向，会对端与云形成改造。5G 的低时延甚至业务的实施交付特性给边缘数据中心的建立、云端计算与终端融合提供了新的解决方案。

第七章 大数据

大数据是指无法在一定时间范围内用常规软件工具进行捕捉、管理和处理的数据集合，是需要新处理模式才能具有更强的决策力、洞察发现力和流程优化能力的海量、高增长率和多样化的信息资产，具有 Volume（大量）、Velocity（高速）、Variety（多样）、Value（价值密度低）的"4V"特点，海量数据中有用的数据仅有 34%，好用的数据仅有 7%，被分析的数据更是少到只有 1%，需要通过感知、存储、处理、应用等环节才能完成大数据的价值释放，因此大数据产业发展过程中，与物联网、云计算、人工智能等技术融合趋势越发明显，即通过物联网技术感知、收集海量数据，并存储于云平台，再通过大数据技术处理分析，并以人工智能技术为依托投入应用。

第一节 总体发展情况

一、产业规模

据 IDC 显示，在 2020—2024 年期间，全球大数据技术与服务相关收益将实现 9.6% 的年均复合增长率，预计 2024 年将达到 2877.7 亿美元。2020 年中国大数据相关市场的总体收益将达到 104.2 亿美元，较 2019 年增长 16.0%，增幅领跑全球大数据市场。自 2014 年大数据写入政府工作报告以来，大数据成为地方政府关注的热点。在 2020 年首场国务院常务会议中提及的新型基础设施建设，其中大数据被重点提及，建立数据中心有利于各行业的转型以及企业的上云。

二、相关政策

2015年，国家印发《关于促进大数据发展的行动纲要》，第一次将大数据上升到国家战略高度，提出了我国大数据的顶层设计。此后，环保部、国务院办公厅、国土资源部、国家林业局、煤工委、交通运输部、农业部的细则侧重指引垂直行业的落地。2018年8月，工业和信息化部发布《推动企业上云实施指南（2018—2020年）》，明确要求2020年全国新增上云企业100万家，形成典型标杆应用案例100个以上。各地方政府响应政策要求，接连发布上云行动计划，同时匹配出台补贴计划，真金白银支持企业上云行动。

第二节 创新进展

一、能源大数据

油气等传统能源行业在新能源发展背景下面临着从勘探到销售等诸多发展瓶颈，油气企业亟待引入大数据、云计算等新兴科技技术提高自身业务水平和管理能力。同时，智能电网和风电清洁能源的发展，也刺激了大数据在电力和风电行业的需求增长。从国家政策方面来看，中国政府出台多部政策鼓励大数据技术在能源领域的应用，表现了中国政府对能源大数据未来前景的肯定。在需求和政策的双重推动下，能源大数据市场呈现快速增长态势。中国大数据在能源行业软件和服务市场应用规模从2014年的282.1亿元增长至2018年的1280.0亿元，年复合增长率达46.0%。随着能源需求不断上涨及能源企业寻求业务突破，大数据在能源行业的应用将持续发展，预计至2023年，中国大数据在能源行业的应用市场规模将达3444.3亿元，2018—2023年年复合增长率将达21.9%。

二、旅游大数据

随着中国居民对旅游热情不断升温，中国旅游市场规模不断扩增，也促进了大数据在旅游行业的发展。同时，旅游行业竞争激烈程度持续变强，各旅游景区在利用高新技术进行升级改造方面有强烈需求，而大数据技术的分析和预测功能受旅游行业青睐，大数据在旅游行业应用市场不断增多。此外，中国政策鼓励景区利用大数据建立智慧旅游营销系统，拓展新的旅游营销方式，也有利于大数据在旅游行业的发展。在需求和政策的双重推动下，旅游大数据市场呈现快速增长态势。中国大数据在旅游行业软件和服务市场应用规模从 2014 年的 3231.1 亿元增长至 2018 年的 11023.2 亿元，年复合增长率达 46%。随着中国旅游热度持续升温及各旅游景区企业寻求业务突破，大数据在旅游行业的应用将持续发展，预计至 2023 年，中国大数据在旅游行业的应用市场规模将达 16707.5 亿元，2018—2023 年年复合增长率将达 21.9%。

三、金融大数据

在大数据技术与行业的融合应用中，金融行业是传统上及当前主要的应用行业之一，行业应用占比排名长期保持在前 3，目前达到约 15%。由于金融行业与大数据技术的融合效果良好，在降低企业运营成本及提升企业经营效益等方面容易见效，金融企业对大数据技术的接受程度不断提高，带动该应用市场销售规模由 2014 年的 148.4 亿元提高至 2018 年的 471.0 亿元，年增长率达到 33.5%。未来 5 年，随着大数据技术与中国金融行业融合深度提升及市场潜力被不断挖掘，中小银行等大数据金融应用市场进一步拓展，在中国宏观经济平稳运行的前提下，大数据技术在中国金融行业的应用市场规模有望实现 26.3%的年复合增长率，在 2023 年达到 1512.3 亿元。

四、工业大数据

工业大数据涉及整个生命周期，推动传统制造业转型升级。工业大数据是工业领域产品和服务生命周期数据的总称，包括工业企业在研发设计、生产制造、经营管理、运维服务等环节生成和使用的数据，以及工业互联网平台中的数据等。随着第四次工业革命的深入展开，工业大数据日渐成为工业发展最宝贵的战略资源，是推动制造业数字化、网络化、智能化发展的关键生产要素。工业大数据是工业互联网的重要核心，5G 网络助力应用场景实现。在工业互联网平台功能架构中，工业大数

据是工业互联网平台层的重要核心。借助工业大数据技术，可以对于海量数据进行高质量存储与管理、可以支撑应用层各种分析应用的实现。5G 网络能够有效满足工业数据传输实时性与稳定性的要求，是工业大数据和工业互联网应用实现的重要技术基础。工业大数据平台建设上升至国家层面，工业大数据行业发展迅速。此次《关于工业大数据发展的指导意见》提出要统筹建设国家工业大数据平台，通过大数据手段支撑政府精准施策、精准管理。2018 年我国工业大数据行业规模为 114.2 亿元，同比增长 22.3%，未来增速有望突破 30%。

第三节 发展特点

一、产业将向更大规模、更优结构、更高质量方向发展

2019 年，随着国家和地方产业政策的发布与落地实施，我国大数据产业保持快速发展态势，产业规模持续扩大，产业链条加速完善，包括大数据硬件、大数据软件、大数据服务等在内的大数据核心产业环节产业规模有望达到 7200 亿元。2020 年，产业规模将超过 1 万亿元；到 2025 年，有望突破 2 万亿元，年均复合增长率保持 15%左右。从大数据核心产业结构来看，2019 年 1—8 月，大数据服务（纳入软件产业统计部分）增速达到 18.9%，高于全行业平均增长水平。未来，大数据服务在核心产业的主体地位将更加突出，产业结构将进一步优化。同时，随着国家大数据综合试验区、大数据国家新型工业化产业示范基地等集聚释放工作的不断推进，协同、错位发展的区域布局将持续优化。此外，随着研发投入力度不断加大，在大数据基础软硬件、关键平台技术等领域将形成一批自主创新、技术领先，满足应用需求的产品、解决方案和服务。随着大数据产业规模持续扩大和产业结构、区域布局持续优化及核心技术的不断突破，大数据产业将向高质量方向迈进。

二、与实体经济的融合将向更深化、更广泛、更全面的层次拓展

当前，我国制造业正加速进行全方位、多层次的数字化转型，数字

化渗透率不断提升,企业数字化水平大幅提高,新模式新业态蓬勃兴起。同时,2019年,《工业大数据发展指导意见(征求意见稿)》的发布,明确提出"推动工业大数据汇聚共享、深化工业大数据融合应用、提升大数据技术产业支撑能力、增强工业大数据安全保障,打造资源富集、应用繁荣、产业进步、治理有序的工业大数据生态体系,推动大数据与制造业全面深度融合"。在市场和政策的双轮驱动下,未来,工业大数据实时采集、跨界流动、动态分析、敏捷响应的能力将不断增强,数据驱动的创新应用在设备、企业和产业链等不同层级上将得到广泛深入地拓展,数据应用将不断深化,数据价值和数据效能将加速释放,催生出更多基于数据驱动的制造业新模式新业态。此外,伴随着猪联网等农业大数据平台的不断发展壮大及大数据在电子商务等生产性服务业领域和医疗健康、交通出行、教育等生活性服务业领域深入应用,大数据将广泛融入生产、流通、分配、消费及经济运行机制、社会生活方式和社会治理能力等各方面。

三、数字基础设施建设将向更大范围、更广领域、更高水平迈进

大数据的发展离不开固定宽带、无线网络、云计算等数字基础设施的支撑。随着大数据不断向更高层次迈进,对数字化基础设施建设提出了更高要求。未来,随着智能制造、智慧城市等领域对数据采集、数据存储、数据传输、数据分析等的需求的不断提升,物联网、工业互联网、车联网、5G、IPv6等新型数字基础设施的需求将进一步释放。同时,随着5G商用牌照的发放、工业互联网创新发展工程的加速推进等一系列政策利好,新型数字基础设施建设步伐将进一步加快。以5G为例,根据目前已经公布的信息,中国移动和中国联通将分别在北京、天津、上海、重庆4个直辖市,合肥、福州等27个省会城市,大连、青岛等5个计划单列市及雄安、张家口等4个城市,共计40个城市建设5G网络,并在部分城市推出5G服务;中国电信在北京、上海等15个城市进行了5G规模测试和应用示范。此外,数字基础设施,尤其是传统数字基础设施,将逐渐实现普惠化,宽带网络、移动网络等将逐步实现全覆盖,城乡数字鸿沟逐步缩小,数字乡村建设提速。

四、数据资源将向更富集、更集聚、更开放方向发展

得益于多年的信息化建设，我国对数据资源的采集、挖掘和应用水平不断深化，积累了丰富的数据资源。并且，随着新型数字基础设施建设提速及数字政府、智慧城市、智能制造、智慧农业、智慧物流等一系列数字化转型工作的推进，数据资源将进一步快速增长。据研究机构统计，我国数据总量正在以年均 50% 的速度增长，2020 年数据量达到 8060EB，占全球数据总量的 21%，成为世界第一数据资源大国和全球数据中心。同时，随着《政务信息资源共享管理暂行办法》等国家政策文件落地实施，政务信息系统互联和公共数据共享步伐将进一步加快，跨层级、跨地域、跨系统、跨部门、跨业务的全国上下联动的数据资源集聚共享"大通道"将逐步形成。此外，公共数据资源开放工作将稳步推进，据不完全统计，截至 2019 年年初，全国有 50 多个地方已经建设了政府数据开放平台，涉及行业领域超过 15 个，并且另有逾 20 个地方政府发布了政府数据开放平台建设需求。随着各地政府数据开放平台的提速建设，我国数据资源开放程度将有所提升。

五、数据治理将向更成熟、更规范、更完善方向推进

当前，大数据标准工作组已经开展了数据管理能力、开放共享、大数据系统、工业大数据等 43 项国家标准和行业标准研制，其中 9 项标准已发布实施。其中，国家标准《数据管理能力成熟度评估模型》（GB/T 36073—2018，简称 DCMM）作为提升组织数据管理能力的关键指引，已经先后在北京、上海、贵阳、广州、深圳、乌鲁木齐、成都、潍坊等多个城市进行了宣贯，并对 100 多家企业开展了评估工作。未来，随着 DCMM 的推广应用，企业数据管理能力将持续提升。同时，国家和地方也纷纷加紧研制数据资源确权、分级分类等相关的政策标准和法律法规，持续推动数据管理规范化。此外，随着《数据安全管理办法（征求意见稿）》《儿童个人信息网络保护规定（征求意见稿）》《网络安全审查办法（征求意见稿）》《个人信息和重要数据出境安全评估办法》等法律法规的密集出台，数据安全管理体系将逐步完善。

企 业 篇

第八章

谷歌

第一节　总体发展情况

2020年新冠肺炎疫情持续蔓延，对全球经济造成了巨大不确定性，传统线下经济模式受到严重挑战，但线上经济模式全面开启。以谷歌（Alphabet）为代表的互联网巨头企业是互联网信息服务的主要提供商，无论从市值还是从业务收入，2020年谷歌都实现了快速增长，继续保持稳居全球最具价值的品牌企业之列。

一、总体情况

2020年，谷歌营业收入规模突破1800亿美元，较2019年规模再增长200多亿美元，增速超12%（见图8-1）。从季度看，二季度谷歌收入增速出现明显下降，但第四季度营业收入达569亿美元，同比增长23%，从全年来看业务呈现前慢后快的上升趋势。从历年增速看，谷歌自2015—2018年连续4年保持高速增长，增速保持20%以上，但从2019年以来，虽然收入规模继续创造新高，增速却开始降至20%以下，且于2020年首次降至10%~15%，这从一定程度反映了谷歌业务持续性增长的压力。

谷歌仍然是全球利润最高的公司之一。从净利润看，2020年谷歌利润为402.7亿美元，再创新高，增速达17.3%，超过收入增速。2020年《财富》世界500强企业排名显示，谷歌营业收入排名全球第29位，但利润排名则提高 21 位，位列第 8，仅次于石油行业（沙特阿美）、金融行业（伯克希尔-哈撒韦、中国工商银行、中国建设银行、摩根大通）及科技公司（苹果、微软）等公司。

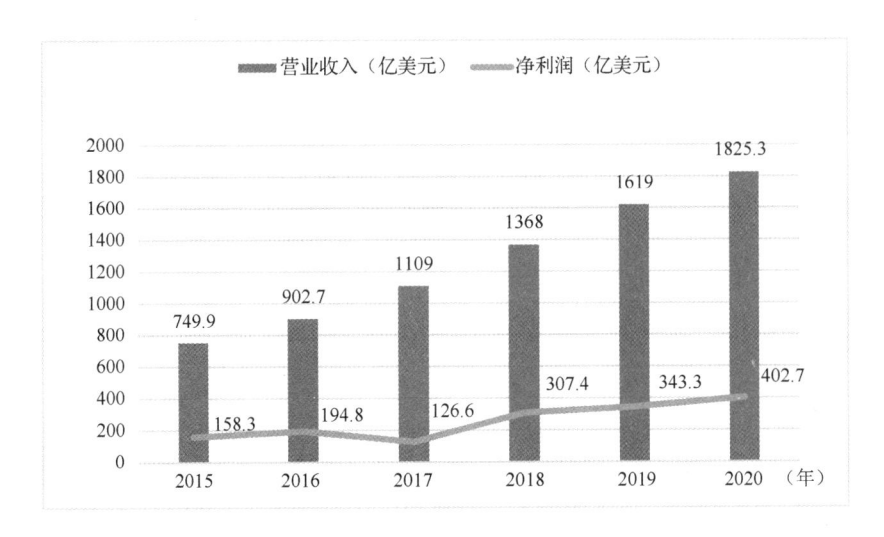

图 8-1 2015—2020 年谷歌母公司 Alphabet 营业收入和利润情况
数据来源：Alphabet 历年公司财报，赛迪智库整理

二、业务发展情况

2020 年，谷歌正式将谷歌云与其他收入部分分开，也体现了谷歌云作为一级业务部门的独立性。

一是搜索服务业务。谷歌起家于搜索业务，当前基于搜索业务的营业收入也是最高的，2020 年搜索广告收益达 1040.6 亿美元，占谷歌全部广告收入的一半以上（57%），但全年增速出现严重下滑（6.1%）。谷歌广告联盟营业收入为 230.9 亿美元，增速也仅为 7.2%。由于谷歌是全球最大的广告收入商，体现了在新冠肺炎疫情影响下，全球消费市场萎缩带来的广告收入萎缩。

二是 Youtube 视频广告收入。2020 年，谷歌的 Youtube 视频营业收入达 197.7 亿美元，保持高速增长（30.5%）。与谷歌搜索广告收入增速下滑不同，Youtube 及 Facebook 等互联网广告增长并未受到太大影响，或许与细分市场体量小有关，毕竟 Youtube 广告收入还不足谷歌搜索的

1/5，但同时也体现了移动视频、移动社交等新兴领域增长的盈利能力。

三是谷歌云业务。2020 年谷歌首次将云计算作为单独部门进行财报披露。全年云计算营业收入为 130.6 亿美元，增速为 46.4%，体现了谷歌云业务的快速壮大，并逐渐展示出其独立性。

第二节　重点发展战略

助力疫情环境下的追踪预测。2020 年，新冠肺炎疫情全面暴发成为全球面临的深重灾难，针对新冠肺炎疫情传播的预测需求迫切，谷歌开展了基于匿名数据的冠状病毒疾病传播的预测技术研发，帮助认识和预期疫情走势。谷歌罕见与苹果联手推出了支持蓝牙隐私保护技术的暴露通知系统（ENS），涉及 50 多个国家、州和地区的公共卫生管理部门，用来帮助人们远离新冠肺炎病毒感染者。

引领搜索、人工智能等领域技术趋势。谷歌仍然是全球搜索、人工智能等领域的引领者，2020 年谷歌在应对气候变化、提高可访问性、机器学习应用、负责任的人工智能、自然语言理解、机器学习算法、强化学习、AutoML、更好地理解 ML 算法和模型、机器感知等技术方面开展了进一步开发工作。在人工智能领域，谷歌与 FlyEM 团队合作发布了大型突触分辨率图谱的果蝇半脑连接体，通过自主开发的 SimCLR 继续推动无监督学习，提高 RL 算法效率以强化学习。可见，机器智能、自然语言理解等仍然是谷歌技术研发的主攻方向，并引领全球人工智能技术走向。

明确云计算是公司战略重点之一。从 2020 年全年表现看，谷歌云已经开始成为谷歌的独立营业收入贡献部门。但值得关注的是，该部门仍处于亏损状态，全年亏损 56.1 亿美元，第四季度亏损 12.4 亿美元，也体现出谷歌云还在投资阶段，一些事件也从侧面印证了谷歌云仍有待增强。2020 年，谷歌服务器出现四次宕机，其中 12 月 15 日谷歌服务器宕机 45 分钟，导致全球范围内包括 Gmail 邮箱、谷歌日历、视频网站 YouTube 等在内的主要应用无法正常运转。这类"黑天鹅"事件也反映出谷歌云的不稳定性和欠成熟。自 2018 年以来招标的十年期美国国防部百亿美元的"JEDI 云项目"，最后也花落微软，谷歌等云服务商均以失败告终。

第三节 重点领域发展情况

云计算。谷歌云是当前全球云计算梯队中的领先力量，国际 IT 咨询机构 Gartner 的 2020 年度全球云数据库魔力象限显示，亚马逊、微软、谷歌、甲骨文、IBM、SAP、Teradata 和阿里云位列全球数据库第一阵营"领导者象限"。当前，全球云计算市场正处于快速爆发阶段，头部厂商的云服务已经成为营业收入和利润的重要来源，全球云计算市场增长近 40%，阿里云和微软市场份额提升显著，分别达到 300% 和 200%，相较之下，谷歌云服务增长速度缓慢。以全球云计算 IaaS（云计算基础设施）市场为例，当前排名前三的分别为亚马逊、微软和阿里云，其中亚马逊 AWS 以全球云计算市场 40.8% 份额位居第一，微软 Azure 以 19.7% 的份额位居第二，阿里云 AlibabaCloud 以 9.5% 的市场份额排名全球第三，且市场集中度有进一步向头部企业集中趋势，前三名厂商的市场占率高达 70%。从 2020 年四季度最新数据看，谷歌云体现出赶超发展趋势，亚马逊云占 32% 份额，微软云达 20%，谷歌云以 7% 的份额排名第三，成为季度第三大云服务提供商。未来金融、公共服务、零售、教育等领域将成为云服务的重点应用行业，且应用场景不断丰富和完善，全球云计算市场仍有翻倍的增长空间。

量子计算。量子计算作为先进计算的重要发展方向，成为当前全球计算的热点领域，谷歌是量子计算方面当仁不让的引领者。继谷歌提出率先实现"量子霸权"（Quantum Supremacy）后，2020 年，谷歌发布了量子比特处理计划，力争在 2029 年前构造由 100 万个物理量子比特处理器支持的计算机，通过表面代码等方法进行纠错。同时，谷歌还开发了新的开源量子模拟器 qsim，证明在 111 秒内以 14 栅极深度仿真 32 量子比特量子电路，该模拟器将有助于量子算法的开发研究。

第九章

亚马逊

第一节　总体发展情况

亚马逊公司（Amazon，简称亚马逊；NASDAQ：AMZN），是美国最大的网络电子商务企业，总部位于华盛顿州西雅图。亚马逊成立于1995年，是最早开始经营电子商务的公司之一，最初主营书籍销售业务，现已成为全球商品品种最多的网上零售商，主营业务也从电子商务拓展到云服务、信息技术服务、人工智能、智能家居等。亚马逊已在全球20多个国家和地区开展业务，并拥有175个运营中心和40多个分拣中心，能将商品配送至185个国家和地区，在航空运输网络中有46架航空货运飞机。截至2020年12月31日，亚马逊市值超过1.6万亿美元，同比增长80%，位居全球上市公司市值排行榜第三位。

亚马逊现有三大业务部门：北美、全球、云服务。2020年亚马逊实现营业收入3860.6亿美元，同比增长37.6%，净利润213.3亿美元，同比增长84.0%。其中，北美业务收入2362.8亿美元，同比增长38.4%；全球业务收入1044.1亿美元，同比增长39.7%；云服务业务收入453.7亿美元，同比增长29.5%。截至2020年12月31日，亚马逊总资产达到3212亿美元，同比增长超过46%。

第二节　重点发展战略

一、积极应对疫情影响，商品销售总额再攀新高

2020 年，受新冠肺炎疫情影响，在线商品销售受到人们的普遍青睐，亚马逊为了迎接这一挑战，一方面是着力保障好员工健康，加大内部 COVID-19 测试项目的投入，到 2020 年年底每小时有 700 多名员工接受测试，同时加强与相关政府、企业合作，加快员工疫苗接种速度，并为一线员工增加工资以提升员工积极性，2020 年共计额外支出 25 亿美元薪水；另一方面则是继续加强物流网络建设，新开了荷兰站点，并在美国、巴西、意大利等国家和地区投资建设多个物流中心，仅 2020 年其新增员工接近 50 万人。另外，亚马逊继续加强招商工作，加大卖家支持力度，并将瑞典站、沙特站全面向中国卖家开放注册以吸引中国卖家进驻。据悉，亚马逊 2020 年增加了 130 万新卖家，卖家总数超过了 450 万。2020 年亚马逊第三方卖家服务营业收入高达 804.6 亿美元，同比增长 49.7%，占亚马逊营业收入的比重为 20.8%，较 2019 年提高了 1.6 个百分点。

整体来看，在市场需求带动下及亚马逊的积极应对下，2020 年亚马逊商品销售总额再次创下历史最佳。根据亚马逊的估算，2020 年亚马逊第三方卖家销售额达 2950 亿美元，自营销售额为 1800 亿美元，全年商品总销售额达到了 4750 亿美元，再创新高，这一数值较 2019 年增长了 950 亿美元。在商品销售额快速增长的带动下，亚马逊 2020 年营业收入呈现加速增长态势，其 2020 年营业收入为 3860.6 亿美元，同比增长 37.6%，增速比 2019 年增加了 17.1 个百分点。其中，线上收入 1973.5 亿美元，同比增长 39.7%，增幅较 2019 年增加了 24.9 个百分点。

二、不断强化会员服务，海外市场拓展出现成效

2020 年，亚马逊继续加强会员服务，加大 Prime 会员日活动投入力度。在 2020 年 Prime 会员日预热阶段，亚马逊推出了迄今为止规模最大的帮助中小企业的推广活动，宣布投入超过 1 亿美元帮助全球中小企

业在 Prime 会员日和年终购物旺季实现增长。在为期两天的 Prime 会员日活动中，包括中国卖家在内的全球中小企业为超过 1.5 亿的 Prime 会员提供了数十万项专享超值优惠。从 Prime 会员日活动结果看，前期投入取得了一定成效。2020 年亚马逊 Prime 会员期间，以中小企业为主的第三方卖家销售业绩再创新高，在 19 个国家和地区的销售额超过 35 亿美元，同比上年增长近 60%，创下历史新高。而在 2020 年"黑色星期五"及网购星期一期间，亚马逊以中小企业为主的全球第三方卖家销售额超 48 亿美元，同比上年增长 60%，其中包含中国卖家在内的超过 7.1 万家全球中小企业销售额超过 10 万美元。

2020 年，新冠肺炎疫情有力拉动了欧洲、日本等地区的线上消费，为此，亚马逊抓住机会加大在英国、荷兰、意大利等国家和地区的投资力度，加大物流体系建设，其海外收入实现了高速增长。2020 年亚马逊在德国、日本的收入分别为 295.7 亿美元、160.0 亿美元，分别较 2019 年增长 33.0%和 27.8%，在英国的收入为 264.8 亿美元，同比增长 51.1%，在其他国家和地区的收入为 460.4 亿美元，同比增长 47.9%，而同期美国收入为 2635.2 亿美元，增长 36.1%。美国作为亚马逊的大本营，既是亚马逊经营的核心，也是其业务收入的主要来源。尽管 2020 年亚马逊在美国市场的收入同样保持了高速增长，但相比英国及其他国家和地区市场收入增速稍显不足，导致其在亚马逊整体收入的占比仅为 68.3%，较 2019 年下降 1.7 个百分点。

三、加快推出创新产品，但云服务收入增速逐步放缓

2020 年，亚马逊继续强化云服务创新，不断推出新技术、新产品。亚马逊在其主办的 2020 年 re:Invent 全球峰会（每年一届，2020 年是第九届）一口气推出了 180 项新技术、新产品、新服务，其中就包括新的机器学习训练芯片 AWS Trainium、新版本无服务器数据库服务 Amazon Aurora Serverless v2 等，主要集中在计算、存储、数据库、数据分析、容器、机器学习运维等方面。与此同时，亚马逊继续扩大服务覆盖范围，加快亚太地区、欧洲地区基础设施建设步伐。2020 年亚马逊包括云计算投资在内的技术内容支出为 427.4 亿美元，同比增长 19.0%，继续保持快速增长，占其全年运营支出的比重达 12.8%。

尽管亚马逊云服务在 2020 年开拓了许多新客户，包括摩根大通、米高梅、汤森路透、星空联盟、宝马集团等知名企业，但面对竞争对手的激烈竞争，亚马逊云服务收入增速逐步放缓。2020 年亚马逊云服务收入达到 453.7 亿美元，同比增长 29.5%，增速较 2019 年下滑了近 8 个百分点，增速持续放缓局面延续，占亚马逊总收入的比重为 11.3%，较 2019 年下降 1.2 个百分点；实现营业利润 135.3 亿美元，同比增长 47.1%，占总营业利润的比重为 59.1%，占比较上年下降 4.2 个百分点。

第十章 苹果

第一节 总体发展情况

　　苹果公司是全球知名的高科技企业，主要设计、制造和销售移动通信和媒体设备、个人电脑和便携式数字音乐播放器，同时销售各种相关软件、服务、外设、网络解决方案和第三方数字内容与应用程序。其产品和服务包括 iPhone、iPad、Mac、iPod、Apple-TV、一系列消费和专业软件应用、iOS 和 OS-X 操作系统、iCloud 及各种配件、服务和支持产品。该公司还通过 iTunes Store、App Store、iBookstore 和 Mac App Store 销售和交付数字内容和应用程序。

　　2020 财年，苹果全年营业收入为 2745.15 亿美元，同比增长 5.51%；全年净利润为 574.11 亿美元，同比增长 3.9%；第四季度营业收入为 646.98 亿美元，同比下降 1.03%；第四季度净利润为 126.73 亿美元，同比下降 7.4%。iPhone 营业收入方面，2020 财年营业收入为 1377.61 亿美元，占总营业收入的 50.19%，同比下降 4.54%，与 iPhone 12 延迟发布有一定的关系。iPad 营业收入方面，2020 财年营业收入为 237.16 亿美元，占总营业收入的 8.64%，同比上涨 0.46%。Mac 营业收入方面，2020 财年营业收入为 286.42 亿美元，占总营业收入的 10.43%，同比上升 0.54%。服务业方面，2020 财年营业收入为 538.14 亿美元，占总营业收入的 19.59%，服务业务整体的毛利率为 66%，显著高于硬件业务的 31.4%，同时也拉高了公司整体的毛利率水平。可穿戴、家庭设备和配件销售收入 306.66 亿美元，占比 11.15%，同比增长 1.8%，超越了 Mac 和 iPad，成为第三大业务部门，此板块下包括：Apple Watch、AirPods、Apple TV 和 HomePod。

作为全球最大上市企业、价值最高的消费电子企业，2020 年苹果营业收入与利润依旧稳健，市值一度突破 2 万亿美元，是亚洲市值第一的阿里巴巴的 2.4 倍。然而，在全球智能手机市场的格局下，苹果份额进一步被削减。其中，华为、小米对苹果冲击最大。多家调研机构数据显示，苹果已退居全球第四。依据权威调研机构 Canalys 最新数据显示，2020 年第三季度全球智能手机出货量为弱下降 1%至 3.48 亿部，排名前五的厂商分别是三星、华为、小米、苹果、vivo。

第二节 重点发展战略

一是积极推进面向服务转型。自库克掌舵苹果以来，苹果公司积极向服务转型，以此减少对 iPhone 的依赖。以服务为核心的业务将开启苹果新时代，也预示着硬件时代成为过去。2020 财年，来自服务板块的营业收入较上一财年同比增长 16%至 538 亿美元，占总收入比例提升到 20%。作为苹果公司第二大业务板块，在未来几年，服务板块营业收入有望突破千亿美元大关。受服务业务转变推动可穿戴设备强劲需求，苹果 Apple Watch 成为全球最畅销智能手表。

二是硬件融合正式拉开帷幕。伴随着 M1 芯片和新的 Macbook 系列的发布，与 M1 芯片相配合的即 Universal 2、Rosetta 2 和虚拟化。Universal 2 通用二进制是让开发者在应用开发阶段可以一次性生成 x86 和 M1 版本的软件。Rosetta 2 针对 x86 的软件在安装时转译为 M1 芯片版本，从而达到运行的目的。Virtualizaion 虚拟化技术方便开发者在各种开发环境中做各种开发和调试。M1 芯片还能让 Mac 直接原生运行 iPhone 和 iPad 软件，直接将 iOS 软件生态优势带到 Mac 上。

第三节 重点领域发展情况

常规产品方面，2020 年苹果在 iPhone 12 上带来的两个最大的亮点

是：5G 和 Lidar 激光雷达，远程办公和苹果优质内容服务都将得益于 5G 在 iPhone 12 上的应用；Lidar 激光雷达是在经历过 iPad Pro 2020 上半年的应用之后，应用到了 iPhone 12 Pro 系列。在子品类上，iPhone 还出现了真小屏旗舰——iPhone 12 mini，屏幕为 5.4 英寸，目标是兼顾 iPhone SE 小屏幕和高性能的用户。苹果还对 iPad 系列进行了更新，即更新了入门机型——iPad 2020，变化在于升级到了 A12 芯片。iPad Air 4 机身采用了全新设计，使用侧边指纹识别，支持磁铁吸充电的 Apple Pencil 2 代，首发了 A14 芯片，同时也改用 Type-C 接口。由于 M1 芯片的到来，Mac 的三条产品线：MacBook Air、MacBook Pro、Mac mini 均得以升级，内部常见的内存、安全芯片已经整合进 M1 芯片中。

智能硬件领域方面，2020 年 9 月苹果更新了 Apple Watch 产品线，新一代 Apple Watch Series 6 在前代健康功能的基础上更进一步，推出新功能，增加了睡眠追踪功能和血氧传感器，使用户可以测量血氧饱和度，从而更好地掌握使用者自己的整体健康状况，芯片方面也搭载了基于去年 A13 架构的 S6 处理器，成为智能手表新标杆。AirPod 采用了头戴式，解决了长时间佩戴入耳式对耳道的挤压，不支持无线充电和触控调节音量，取而代之的是将 Apple Watch 上的数码表冠和侧边按钮拿来分别用于调节音量和切换降噪/通透模式，未来 AirPods 也将具有心率检测等健康服务功能。HomePod 系列今年推出了 HomePod mini——形状为苹果大小的球状音箱，使用 Apple WatchS5 的 S5 芯片、U1 超宽带芯片。

服务方面，Apple Arcade 游戏订阅是苹果服务重要的增长引擎，Apple TV+视频订阅是苹果发展内容服务的可持续增长点。新冠肺炎疫情影响下，苹果还推出了健身指导订阅 Fitness+，得以让因疫情在家隔离的人们能更好地健身，并将用户的实时数据（心率、血氧、热量）投屏到 Apple TV、iPad 上，帮助用户及时、动态地了解自身状况。App Store 在 2020 年年底推出了针对开发者的小型企业计划。Apple Music 目前已有将近 90%的 iOS 14 用户；Apple TV+获得了 159 个奖项提名，收获了 45 个奖项；Apple Arcade 已有超过 140 款游戏；Apple Books 已有超过 9000 万月活用户；Apple 播客已经支持 175 个国家和 100 种语言等。

软件方面，CarPlay 在今年也迎来了 UI 和功能上的改进，即针对越来越多的 CarPlay 用户需求的多样化，苹果加入了电动车充电站、停车预定和指示、外卖送餐这三个种类的 App。其次，还推出了 CarKey 功能，即使手机没电关机的情况下，仍然能使用 5 个小时。前提是同时具有带 U1 芯片的 iPhone 和支持 CarKey 的汽车，比如宝马汽车。相信未来 CarKey 功能也会应用于更多新车型上。OS7 的推出可以通过自己的 iCloud 给家里的老人小孩的 LTE 版 Apple Watch 开通独立的 iCloud 账户，并能设置物理围栏来监控他们的行踪，接收他们的信息，管理他们的应用、使用时间和通讯录等。Homekit 开源、HomPod 固件更新了对讲功能，无论是在 iPhone、CarPlay 还是 AirPods 上，都能向家里的任何一处的 HomePod 音箱发布语音信息，其他人可以在 HomePod 上语音回复。macOS 升级为 macOS 11，这将开启 Mac 的下一个十年。

第十一章

微软

第一节 总体发展情况

微软公司是世界个人计算机软件先导公司,也是目前世界上最大的电脑软件供应商,总部设立在华盛顿州的雷德蒙德,致力于开发和支持软件、服务、设备和解决方案。在历史沿革中,微软作为早期 PC 时代的行业先驱,经历了 45 年的行业更迭,不断创新与变革,如今依然是全球市值最高的公司之一。

公司的发展历程,大致可以分为三个发展阶段。第一阶段起自 20 世纪 80 年代,微软为 IBM PC 提供 BASIC 编译器和操作系统,最早成为 PC 操作系统的行业标准,随后继续在计算机软件领域占领市场。1985 年,微软推出第一个版本 Microsoft Windows 操作系统,就此走向 PC 操作系统的市场垄断地位。在 1998 年和 1999 年,微软连续荣登全球市值榜首。第二阶段进入移动互联时代,2001 年微软推出的 Windows XP 这款明星操作系统使其继续保持操作系统领域的垄断地位,同时 Office 办公软件也作为行业垄断者与 Windows 一起承担八成的公司营业收入。而随着移动互联时代的到来,苹果公司推出了 iPhone 和 iOS 系统,谷歌推出了 Android 系统,率先抢占手机硬件和操作系统的市场,微软未能抓住移动互联机遇。微软在移动端起步太晚,自身手机生态并不够开放,并且缺乏消费电子产品的经验,移动端销量并不理想,无法挽救 Windows Phone 的失败,市值在 2009 年一度跌破 1500 亿美元关口。第三阶段进入云计算时代，微软实施了"云为先，移动为先"的战略。2018年，微软调整了业务结构，将 Windows 并入体验及设备事业部，成立云计算和人工智能平台事业部，将云业务升为最高级，集中资金和人力发展云业务。同时，面对开源浪潮，2014 年微软公司开始与红帽、甲骨文等厂商紧密合作，推动 Azure 发展成为最理想的 Linux 系统运行环境。2010 年上线的 Azure 云服务如今已经成为微软增速最快的业务，成为仅次于亚马逊 AWS 的云服务平台。

微软的业务主要分为生产力和生产流程（Productivity and Business Process）、智能云和智能边缘（Intelligent Cloud and Intelligent Edge Platform）和更多个人计算（More Personal Computing）。在经历了移动互联时代的失利后，微软从业务结构上展现出重点布局云业务的战略意图，将云业务单列为一个部门。生产力和业务流程主要包括有 Microsoft 365、Dynamics 365、Microsoft Teams 和 LinkedIn 等产品，致力于为个人和组织打造更加高效和一体化的办公体验。Office 365 于 2020 年 4 月正式更名为 Microsoft 365，Microsoft 365 将 Office 365、Windows 10 和 Enterprise Mobility + Security 结合在一起，增加了 AI 支持的工具新功能以增强员工的能力，这些工具可以释放创造力，增加团队合作并推动创新，同时还能实现合规性覆盖和数据保护。Dynamics 365 作为另一重要 SaaS 产品，充分整合了 CRM 和 ERP 的功能，助力企业在各细微之处完成数字化升级。Dynamics 365 充分融合了 AI、MR、大数据、BI 等技术资源，且与微软其他 SaaS 服务如 Office 365、LinkedIn 等进行无缝连接，打通不同产品间的数据壁垒，为客户提供极致体验。目前，世界 500 强企业中有 70%使用 Dynamics 365，再次印证微软 to B 端强大的实力和极高的客户认可度。

受 2020 年新冠肺炎疫情引起的全球云办公潮带来的云业务激增的促进作用，微软股价在 2020 年 9 月达到历史最高位。公司在 2016 财年经历了短暂的营业收入下滑后，营业收入持续提升，2019 财年实现营业收入 1258 亿美元，同比增长 14%，净利率同比增长高达 107%，公司通过云转型实现营业收入新突破。

第二节 重点发展战略

一、调整战略重心，转型开放发展云业务

微软在移动互联时代的战略失误已成事实，但当行业的又一个新风向来临时，微软抓住了机会，从上到下进行了战略重心的转移，对内实施了"云为先，移动为先"的战略，大胆将传统的 Windows 和 Office 业务边缘化。2018 年，微软调整了业务结构，将 Windows 并入体验及设备事业部，成立云计算和人工智能平台事业部，将云业务升为最高级，集中资金和人力发展云业务。在整体生态的构建上，对外逐步实现开放兼容，走向竞争者。

构建"混合云+多云"生态，发挥协同优势。以 Azure 为底层架构，微软搭建了"混合云+多云&平台+生态"的模式。Microsoft Azure、Microsoft 365（原 Office 365）和 Dynamics 365 组成了微软三架技术马车，致力于为企业提供完善的云技术。目前，Azure 一跃成为全球第二大公有云服务商，并且通过智能云及边缘计算扩展 Azure 的功能，切入物联网领域。Azure 与 Windows 服务器结合形成了公有云、私有云、混合云平台，允许企业使用相同的底层技术和操作技巧进行云操作，使得企业可将已有的数据中心与微软的公有云服务整合成相互关联的底层架构。因此，Azure 混合云的功能赋予了客户很高的灵活性，使得客户可以随时、按需将工作量转移到云中；在确保灵活性的同时，Azure 还能保持应用、数据、身份和底层架构的一致性。微软云已经形成从 IaaS 到 PaaS 到 SaaS 一套完整的云生态体系，提供全方位的云服务解决方案。

二、拥抱开源，积极建立合作

近年来，微软推动了一系列大型兼并收购，并逐渐支持跨平台和跨语言的开发，同时在大数据、物联网及人工智能领域持续投入，构建起一套极具竞争力的云平台。对外，微软一改以往孤立的态势，积极与竞争对手建立合作。2014 年，微软开始在 GitHub 上建立账户，与红帽、甲骨文、SUSE 及 Canonical 等厂商紧密合作，推动 Azure 发展成为最

理想的 Linux 系统运行环境，摆脱对 Windows 系统的完全依赖，在 Azure 上全面为 Linux 的部署敞开大门。同年 10 月，微软宣布了.NET 开源。2018 年，微软收购 GitHub，全面拥抱开源社区，提供了与更广泛的开发人员社区联系的平台：①在开发周期上，赋能软件开发者；②加速大企业开发者对 GitHub 平台的使用；③将微软的开发工具和服务推向更多的开发者。微软重新确立了一切以用户为核心的价值观，积极开放的姿态在为用户赋能帮助用户创造更多价值的同时，也为自己创造了价值，实现了双赢。

三、通过云和边缘计算进军 5G

2020 年 3 月底，微软收购 Affirmed Networks。这家公司提供的解决方案包括 vEPC、边缘云、物联网核心网、5G 云原生核心网等，此前其曾经在公有云上实现核心网的部署，运营商可以无须部署专门的核心网，直接向 Affirmed 按需购买、按需部署即可，大大降低了核心网部署成本。这一收购被认为是进军 5G 的一个标志。微软 Azure 网络副总裁 Yousef Khalidi 表示，5G 将催生自动驾驶、智慧城市、VR 等新兴应用，为全社会带来更多新机遇。微软收购 Affirmed 后，基于安全可信且已广泛使用的微软云平台，借助 Affirmed Networks 的云原生解决方案，将能够为运营商量身定制创新解决方案，帮助运营商更经济高效、更快速、更安全地部署和运营 5G 网络和服务。2020 年 5 月，微软宣布收购电信软件厂商 Metaswitch Networks，拥有了为电信行业提供 5G 网络核心软件的能力。这一领域原来主要由通信行业相关软件厂商来完成，而目前迎来微软这一新的玩家。

从产品角度来看，微软通过边缘计算支持 5G 的布局包括 Azure Edge Zones 和 Azure Private Edge Zones，前者可以直接连接到运营商公共 5G 网络，后者是与内部 Azure 堆栈边缘相结合服务私有 LTE/5G 网络。在微软看来，其自有的产品 Azure、Azure Edge Zones 和 Azure Private Edge Zones 共同开启了一个全新的分布式应用范围，5G 通信厂商和用户可以使用一个通用且一致的体系结构。5G 时代，云网融合进一步实现。运营商可以利用 Azure Edge Zones、Azure 计算、存储和人工智能功能，为其合作伙伴和客户构建 5G 优质的服务和应用。对于需要私有

5G 网络的组织，合作伙伴和运营商可以使用 Azure Private Edge Zones 部署、管理和构建产品。

四、持续加强 AI 赋能

进军工业级应用 AI 布局。在 2020 年 5 月微软 Build 2020 大会上，微软重点介绍了工业系统 AI 开发平台 Project Bonsai。Project Bonsai 是用于构建自主工业控制系统的 AI 平台，也是一项"机器教学"服务，它结合机器学习、校准和优化功能，能够让制造、化工、建筑、能源和采矿等行业机械的核心控制系统自主化，以协助管理各类工业设备。之前微软收购 Bonsai，到如今 Project Bonsai 问世，可以看出微软除了在人工智能技术和工具方面的投入，还在人工智能工业级应用上加紧布局。微软宣布与 OpenAI 合作，打造排名世界前五的超级计算机。OpenAI 和微软的计划是在 Azure 中建立一个可以训练和运行高级 AI 模型的计算平台。微软将对 Azure 进行改进，以构建超级计算技术，也将提供给普通的 AI 开发者。

第十二章 脸书（Facebook）

第一节　总体发展情况

根据脸书（Facebook）的财报数据显示，其 2019 年第四季度运营利润为 127.75 亿美元，与去年同期的 88.58 亿美元相比增长 44%；运营利润率为 46%，去年同期的运营利润率为 42%；总成本和支出为 152.97 亿美元，与去年同期的 122.24 亿美元相比增长 25%。其中：营业收入成本为 52.10 亿美元，去年同期为 34.92 亿美元；研发支出为 52.08 亿美元，去年同期为 38.77 亿美元；营销和销售支出为 32.80 亿美元，去年同期为 30.26 亿美元；总务和行政支出为 15.99 亿美元，去年同期为 18.29 亿美元。

2020 年，脸书全年营业收入达 859.65 亿美元，较去年增长 21.6%；运营利润为 326.71 亿美元，同比增长 36%；净利润为 291.46 亿美元，同比增长 58%；每股收益 10.09 美元，上年同期为 6.43 美元；投放的广告数量增加了 34%，广告营业收入占比为 97.9%。受新冠肺炎疫情影响，脸书的用户活跃度再次高升。截至 2020 年 12 月 31 日，日活用户数达到 18.45 亿人，较去年增长 11%，月活用户数达到 28 亿人，同比增长 12%。平均每个用户为公司带来 32.5 美元的收入。雇佣员工方面，截至 2020 年 12 月 31 日，员工总数为 58604 人，同比增长 30%。

第二节　重点发展战略

一、加大力度布局 VR/AR 领域

脸书加大力度布局 VR/AR 相关产品服务，积极打造 VR 生态。脸书于 2020 年 9 月发布、10 月中旬上市 VR 头戴设备 Oculus Quest。Quest 2 在 2020 年第四季度的销量突破了 100 万台，远超其他对手，占据了主要市场。根据 Superdata 预测数据，2021 年 Quest 2 将占所有独立 VR 设备的 87%。通过 Quest 2，脸书巩固了其移动式 VR 领域的领导者地位。脸书还为 Quest 2 增添很多附加功能，发布游戏 Beat Saber 的多人版。除了游戏，脸书还提出了一个名为 Infinite Office 的概念，人们可以进入一个巨大的虚拟工作空间，运行各种尺寸的多个屏幕。

脸书 2020 年 8 月宣布要求新用户和购买了 Oculus 新设备的用户使用 Facebook 账号登录 Oculus 头显，第一次为 Oculus 设备创建账户的所有人都需要使用 Facebook 账户登录。Quest 2 的所有新用户和现有用户都需要提供 Facebook 账户。同时，脸书正在研究允许广告商在其发布内容中集成 AR 和 VR，自 2019 年 9 月起，脸书启用了 Spark AR Studio，使广告商可以创建和发布自己的 AR 效果，例如，通过允许顾客通过 AR Shopping 在购买前"虚拟"尝试口红。脸书还收购了一家虚拟现实开发经验及积累了大量军事素材的公司 Downpour Interactive。脸书在 VR/AR 领域的研究包括：围绕 3D 开发和空间开发的操作系统和生态系统，用于 Reels、Instagram、Facebook 和 Messenger 的 AR 效果研发。

脸书积极构建 AR 生态系统。据 Spark AR 的数据显示，来自 190 个国家和地区的超 40 万名创作者使用过 Facebook 上的 Spark AR Studio，并发布了超过 120 万个 AR 效果的视频。仅在 2020 年第三季度，就有超过 150 个账户发布的 AR 效果就产生了超过 10 亿的观看次数。

二、扩大发展中国家用户数量

脸书计划推出 Discover 应用，为发展中国家用户提供免费数据流量，扩大发展中国家的互联网访问量。Discover 可为用户提供由多个移

动合作伙伴提供的免费浏览数据，用户每天将从其提供商处获得免费数据，并在数据可用时收到通知。Discover 仅提供低带宽浏览，用户只可以在网站上加载文字，不能加载视频、音频或其他数据量大的材料。脸书正在秘鲁进行首次试验，但计划未来将在其他一些国家和地区推出，包括泰国、菲律宾和伊拉克。

秘鲁居民可以在任何移动网络浏览器上访问 discoverApp.com，或者下载 Discover 的 Android 版本。Discover 的合作伙伴包括 Bitel、Claro、Entel 和 Movistar。用户不需要 Facebook 账户就可以使用 Discover。脸书声称，该应用不会收集用户的浏览历史记录，也不会存储用户的活动，以锁定 Facebook 广告。Discover 和 Facebook 免费基础服务类似，该计划旨在为连接性较差的地区提供互联网接入，该服务允许用户在支持的手机上访问指定的网站，包括 BBC 新闻、维基百科、必应、Facebook 和 Messenger，而无须支付数据使用费，但该服务于 2016 年在印度被禁止。印度电信部门裁定，该计划偏向于某些互联网服务，因此违反了网络中立原则，而 Discover 并不区分网站，它将更符合网络中立的标准。

三、构建便捷的电子商务功能

脸书致力于成为最好的广告平台。平台上已经有很多商业活动，人们可以在平台上通过新闻推送或广告故事发现很多产品。新冠肺炎疫情也起到了加速平台广告业务的作用，通过广告业务，脸书推动了数千亿美元的线下电商总交易额。同时，脸书还在改善商家的销售体验，让销售在平台上变得更简单。脸书正与合作伙伴共同打造购物体验，整合商店这类的产品，100 多万活跃店铺，也有每月超过 2.5 亿人与商家互动。另外，脸书持续改善消费者体验，帮助他们在平台上更便捷地交易。未来的重点是帮助更多企业转移到线上，在平台上获得更好的商务体验。在商务侧，希望帮助小型企业和不同企业在脸书平台上获得更好的销售业绩，打造一个无缝连接的购物过程，为消费者带来更好的体验，也为企业带来更好的转化率和业绩。具体而言，打造一个稳健的广告系统，企业和创作者可以在平台开店，广告可以链接到他们的商店，然后获得完整的本地购物体验；同时脸书的支付系统也会越来越好，越来越多人在上面保存支付凭证信息。

四、拓展线上业务发展创意经济

受新冠肺炎疫情的影响,脸书平台包含各种各样的消费行为,信息、发帖、视频、故事、购物等都在增长。越来越多的用户将使用实时通信业务,音频和视频通话需求不断增加,用户对社交的需求日益增强。疫情防控要求人们保持社交距离,因此社交需求的释放更多地转移到线上,脸书会在这方面加倍投入为线上社交构建更好的基础设施。人们有更多的时间上网,线上娱乐,视频、游戏的需求持续增长,脸书会继续维持线上业务的拓展。脸书会长期投资 VR/AR、通信、电子商务和短视频。

脸书帮助平台的创作者获得收入,去构建各种社区,吸引人们互动;同时创作者发现脸书平台有好的变现机会,也会增加与企业产品的互动,从而能改善产品,为所有利益相关者带来好处。创意经济是指创作者通过自己的创意获得经济收入。创意经济一般分为三个步骤,首先,创作者需要一些重要的元素,通过创意工具把文字、音频、视频等一系列表达形式的内容分享到各种不同媒介的平台上;其次,让更多受众看到这些作品,帮助人们找到他们的受众和社区;最后是变现。脸书在后面两个步骤有非常明显的优势,可以帮助创作者接触到最大规模的受众及找到适合他们的小众粉丝。脸书的变现效率非常高,可以帮助创作者找到适合自己的圈子并高效地传播,从而使他们自己的作品变现。脸书希望能让更多人通过这种创意作品来获得收入,最大的优点在于变现和庞大的用户基数。脸书给创作者、小型企业更多支持,为帮助受新冠肺炎疫情影响的小型企业,2020 年 3 月份推出了 1 亿美元的拨款计划。

第十三章 阿里巴巴

第一节 总体发展情况

阿里巴巴网络技术有限公司简称为阿里巴巴集团或阿里巴巴，经营多项业务，同时与多家公司关联，包括淘宝网、天猫、聚划算、全球速卖通、阿里巴巴国际交易市场、1688、阿里妈妈、阿里云、蚂蚁金服、菜鸟网络等。胡润研究院发布的《2020胡润全球独角兽活跃投资机构百强榜》，阿里巴巴排名第8位。根据阿里巴巴集团2020财年显示，其全年营业收入为5097.11亿元（约合781.55亿美元），同比（2019财年3768.44亿元）增长35.26%；产品研发开支为430.80亿元（约合60.85亿美元），同比增长15.08%；归属于普通股股东的净利润为1492.63亿元（约合210.80亿美元），同比增长70.39%；净利润为1403.50亿元（约合198.21亿美元），同比增长74.93%。

阿里巴巴的业务更集中于核心商业营业收入，侧重于单一核心业务。截至2020年3月，阿里巴巴年度活跃消费者达7.62亿人，包括淘宝、天猫在内的中国零售平台移动月活跃用户达到8.46亿人，实现了98%的超万元消费者留存。在2020财年，淘宝直播商品交易额（GMV）同比增长100%，2200个品牌天猫销售额破1亿元，淘宝天猫联合财年设立10亿元专项基金补贴供应链和物流，阿里巴巴数字经济体内的GMV已经达到7.053万亿元，实现1万亿美元的规模突破。

核心电商依旧稳健，用户价值持续挖掘，侧重品牌商户培育。天猫线上实体商品 GMV 同比增长 23%（增速环比下滑 1 个百分点）；菜鸟驿站 2020 年 3 月日均处理包裹数量同比增长超过 100%，营业收入同比增长 49%；饿了么和口碑提前完成"3 个 100 万"行业赋能目标；盒马门店数达 207 家，线上对 GMV 贡献占比约 60%同比提升 10%；淘鲜达为其改造的新零售商超带来了更多的收入，有力促进了消费回补。新兴业务快速发展，亏损进一步收窄。阿里云 2020 财年营业收入超过 400 亿元，同比增长 62%，连续两个季度营业收入超过 100 亿元，成为亚太区最大的云计算服务商；钉钉用户数超过 3 亿人，企业组织数超过 1500 万；数字媒体及娱乐业务本财年收入同比增长 12%，至 269.48 亿元；此外，创新业务及其他的本财年收入同比增长 42%，至 66.43 亿元。

第二节　重点发展战略

阿里巴巴数字经济体从实物电商、本地生活到文化娱乐，逐渐覆盖了消费者主要的生活和商业场景，经济体内的金融服务、物流和云计算等则提供了面向数字化转型的一系列基础设施，共同构成了充满活力并不断进化的阿里巴巴商业操作系统。阿里巴巴将继续坚持全球化、内需、云计算大数据三大战略，未来将在商业模式、产品、服务和技术等方面持续创新，为消费者和企业创造价值，帮助更多组织和企业走向数字化未来。

一、驱动用户增长及提升参与度

阿里巴巴未来将致力于发展数字用户，扩大用户消费品类及消费总额。将支付宝从数字支付入口升级为数字生活入口，打通阿里巴巴数字经济体内的产品和服务，包括实物和虚拟商品、本地生活服务、旅行、媒体和娱乐、医疗健康、金融等领域的系列服务，全方位满足用户的个性化需求。进一步满足欠发达地区用户的消费需求，帮助各收入层级的用户获得高品质商品和适合他们的服务。阿里巴巴在 2020 财年年报中重申了全球化的长期战略愿景，将从东南亚开始，通过本地化运营服务全球用户，进一步帮助更多国外用户享受阿里巴巴的服务，同时为他们提供跨境商务服务，触达中国制造商及中国消费者。

中国零售商业收入持续增长强劲,跨境及国际零售业务迅速扩张。2020 财年,年度活跃消费者的强劲增长和消费者人均购买频次的提升推动国内零售商业收入上升,达到 3327.50 亿元,同比上升 34%；天猫线上已付实物商品 GMV 同比增长 23%。菜鸟网络结合中国的保税仓及海外多国的直运,为天猫国际打造了强大的进口解决方案,跨境及全球零售商业业务订单量高速增长,收入同比增长 49%,至 222.33 亿元。跨境及全球零售商业方面,主要增长动力来自 Lazada 和 Trendyol 及速卖通的收入提升；Lazada 于 2020 财年的订单量同比增长超过 100%,体现出强劲的用户增长,以及随着 Lazada 不断扩大产品种类而提高的购买转化率。截至 2020 年 3 月 31 日,国际零售业务拥有超过 1.8 亿人的年度活跃消费者。

二、助力企业数字化转型

新冠肺炎疫情从根本上改变了消费者的行为和企业运营方式,数字化是大势所趋。阿里巴巴通过多样化的商业平台及对消费者的深入洞察,数据与云计算能力和新零售供应链管理及营销系统相结合,形成了帮助企业完成数字化转型的核心基础能力——阿里巴巴商业操作系统。通过商业操作系统赋能企业客户实现端到端数字化智能经营,完成其业务运营、技术基础设施和组织系统的转型。利用数字技术对线上线下零售业态进行数字化创新,实现线上线下融合,高效的用户互动、获客与留存,快速配送,重构零售场所,提升经营效率及打造新的商业模式等而获益。此外,阿里巴巴将大力推动企业上云进程和物流全产业链要素数字化及智能化运营,力争实现所有企业上云,替代原有 IT 基建,企业办公方式迈向云上系统。

截至 2020 年 3 月,阿里巴巴拥有超过 3 亿人日活跃用户。商家通过信息流、直播、短视频、互动游戏和微博等形式更有效地与消费者互动,形成了高度社交化的数字社区。2020 年 4 月,阿里巴巴启动春雷计划,帮助出口导向的中小企业扩展国内市场,依托阿里巴巴国际站帮助线下企业搭建面向全球的线上展馆,开发数字化制造集群打造数字化"超级产地名片",加速中国农业领域的数字化转型。截至 2020 年 10 月,已有 20 个省市、2000 个产业带和阿里巴巴一起实现了数字化"突围"。

阿里云已在金融、零售、公共服务和互联网领域获得国内市场份额第一的领导地位，并正利用"云钉一体"有效降低企业运营门槛，打造更为丰富的应用市场生态。

三、持续创新助力商业新模式

数据已经成为一种生产资料，传统意义上未被发现且未被充分利用的数据，如今可以被获取、激活和利用，从而成为一种新资源，用于支持企业发展与决策，带来更高的运营效率及精准满足用户需求的产品和服务。阿里云已经成为一项便捷易用且可规模化的服务，而数据将成为价值提升的资源，新科技将在社交和商业互动中扮演核心角色。在高度重视数据安全和用户隐私的前提下，阿里巴巴将把机器学习技术应用于业务的各方面，在线零售、金融、公共服务、交通及医疗等行业打造"云+大数据+智能应用"模式，并持续投资云计算平台，支持自身和客户的业务发展。

阿里巴巴旗下的达摩院2018—2020年在研发方面已经发表了1000多篇国际顶会论文，并获得了60多项国际顶尖赛事冠军。在应用科学方面，达摩院已将大量研究成果用于医疗、教育、农业等与生活相关的领域，其中达摩院全基因分析、CT影像AU等技术被全球数百家医疗机构、疾控中心使用。另外，阿里巴巴先后推出了超强RISC-V处理器玄铁910、超强AI推理芯片含光800等多款芯片类产品。阿里云成为世界第三大、亚太地区最大的基础设施及服务提供商，也是国内最大的公有云服务（包括PaaS和IaaS服务）提供商，其云计算能力能够支持每秒高达几十万单的订单峰值量及每天百亿计的线上营销展现。与此同时，阿里巴巴的研究团队也在电子商务、安全和物联网等领域内的各种国际标准化组织内担任重要角色，并逐年增加研发投入。

第十四章 腾讯

第一节 总体发展情况

根据腾讯财报显示，2020年腾讯总营业收入为4820.64亿元，同比增长28%，年度经营盈利和净利润均同比增长30%，分别达到1494.04亿元和1269.83亿元，经营利润率由去年的31%上升至38%，净利润率由去年的25%上升至33%。截至2020年12月31日，腾讯现金总额为2595.07亿元，现金净额为110.63亿元。从收入结构上看，游戏收入1561亿元，占比为32%；金融科技及企业服务收入1280.86亿元，占比27%；社交网络收入1081亿元，占比23%；网络广告收入为822.71亿元，占比17%；其他占比1%。

社交网络方面，2020年第四季度，社交网络收入279亿元，同比增长27%。微信及WeChat合并月活跃账户数为12.25亿人，上季度为12.128亿人，环比增长1%，较2019年同期增长5.2%。2020年通过其平台小程序产生的交易额已超过8000亿元，预计2021年仍将翻倍。QQ的用户数量走向呈下降趋势。截至2020年12月31日，QQ第四季度的智能终端月活跃账户数为5.95亿人，2019年同期为6.47亿人，同比下降8.1%，较第三季度的6.174亿人下降3.6%。

增值服务方面，通过自研游戏及与合作伙伴和投资公司的IP合作，腾讯在全球手机及个人电脑游戏市场的领先地位被进一步强化，并横跨各种游戏类型及多种平台。2020年第四季度，通信增值服务业务收入

同比增长 28%至 670 亿元，占季度总收入约为 50%，其中网络游戏收入为 391 亿元，智能手机游戏收入总额及个人电脑客户端游戏收入分别为 367 亿元和 102 亿元。其中，海外游戏收入同比增长 43%至 98 亿元。收费增值服务账户数同比增长 22%至 2.19 亿人，长视频行业视频付费服务会员数达到 1.23 亿人。

金融科技及企业服务方面，2020 年第四季度，金融科技及企业服务业务收入达到 385 亿元，同比增长 29%。由于在零售、公共服务及食品杂货等多个垂直领域的日活跃消费者增加，以及支付频率有所提高，支付交易额同比实现健康增长。受新冠肺炎疫情影响，企业数字化转型需求迫切，加快了轻量化 SaaS 服务的普及：腾讯会议、腾讯企点和企业微信等应用均在去年实现高速增长。企业微信已服务超过 550 万企业客户；有 3 亿场会议在腾讯会议上进行，推动云招标、云签约、云面试、云培训成为新趋势；腾讯教育与全国 1000 多个省市区县的教育主管部门达成合作，服务师生超过 1 亿人，腾讯课堂累计服务学员超过 4 亿人。

网络广告方面，2020 年第四季度，来自教育、电子商务平台及快速消费品等行业的广告主需求增加，以及易车广告收入的合并，其网络广告业务收入实现 22%的增长，至 247 亿元。媒体广告收入增长 8%至 43 亿元。公司社交及其他广告收入也有 25%的增长，至 204 亿元。

第二节　重点发展战略

一、工具平台协同集成，研发效能持续提升

2020 年，腾讯在研发投入上持续加码，研发产生的开支约为 389.72 亿元，相比 2019 年的 303.87 亿元，增长 22%。仅在 2020 年第四季度，腾讯在研发和人才投入的开支同比增长 24%，环比也继续增长 15%。截至 2020 年年底，腾讯研发人员占公司总人数的 68%，同比增长 16%。在开源协同、自研上云两大技术战略的推动下，腾讯研发效能进一步提升，2020 年腾讯新增研发项目超 4000 个，同比增长 22%；新增代码超过 20 亿行，同比增长 67%。研发人员日均完成 5242 个需求，有 30%的需求能够在 1 天之内得到响应，平均需求响应时长缩短 8.66 小时，

有 46%的需求能够在 3 天内开发完成，单个 Bug 的平均解决时长较去年缩短了 15%，研发速度更敏捷。

在长期的研发实践中，腾讯推动了代码管理平台工蜂、敏捷研发协作平台 TAPD、智能化持续集成平台腾讯 CI（蓝盾）、集成化研效门户智研、企业级研发云平台等多个工具平台协同集成，共同组成了贯穿上下游的研效工具链体系。这一体系的标准化进一步降低了开发成本、增强了研发人员的使用体验。TAPD、腾讯工蜂、蓝盾三大腾讯主流研发工具的日均 API 请求量达到四千万次。

二、开源协同深入人心，开源贡献度居全球前列

2020 年，腾讯内部开源代码库新增超过 57000 个，比 2019 年增长了 29%，有超过 17000 名研发人员参与贡献内部开源项目。上线两年时间的腾讯内部技术交流社区"码客"，为腾讯研发人员精进技术、交流心得提供了平台。2020 年，"码客"上有 200 多个技术圈子助力研发人员学习成长。其中，55%的技术问题能够在提出后的 1 小时内得到响应，84%的技术问题可以在 1 天内得到解决。医疗 AI、黑灰产人机对抗、Rust 语言等新技术话题的关注度不断提升。

腾讯深度参与了数十个国际知名开源项目的开发，在 OpenJDK、KVM 等多个顶级开源社区贡献榜中，腾讯均在国内排行第一，作为主要贡献者主导了 7 个国际知名开源项目的版本发布。腾讯向多个国际顶级开源基金会捐赠了 6 个开源项目，两大开源项目 TencentOS Tiny、TKEstack 入选国内首个开源基金会首批捐献项目。新冠肺炎抗疫期间，腾讯第一时间参与到 Linux 基金会全新的公共卫生计划 LFPH 中，作为中国唯一的创始成员单位，为全球合作抗击疫情做出了贡献。

三、云服务成本效益提升，云基础设施跻身全球顶级

2020 年，腾讯云持续加大自研技术投入，推出了星星海定制化云服务器解决方案及自研的数据中心技术 T-block，以提升腾讯云服务的表现及成本效益。2020 年，腾讯多个百万级服务器规模的大型数据中心开建：清远和仪征的云计算数据中心先后开始使用，分别是华南和华

东地区最大的自建数据中心。清远和仪征两大数据中心都采用了腾讯自研的第四代数据中心技术（T-block），可以将数据中心各模块以标准化、产品化形式交付。2021年3月初，腾讯开拓海外市场，将在巴林设立其在中东北非区域的首个云计算数据中心，预计于2021年年底上线。

2020年，云服务器星星海SA2推出，应用规模增长30倍，客户规模增长50倍。而星星海SA3迭代升级，提升了人工智能、安全、存储及网络能力。在AI场景下，实测性能提升220%以上，并且更加节能。在PaaS层面，腾讯云在垂直领域的领先优势带动了业务的强劲增长。其中，数据库用户量在过去一年实现了100%的增长。在中国银行业协会发布的2020年百强榜单中，腾讯云分布式数据库TDSQL服务了近半数国内Top 20银行和60%的Top 10银行。大数据方面，腾讯云大数据平台的算力弹性资源池达500万核，每日实时计算次数超过40万亿次。

四、企业服务突破创新，"千帆计划"拓宽云边界

SaaS产品方面，腾讯会议成为中国最大规模的独立云会议应用，企业版腾讯会议在能源、医疗及教育行业提升了渗透率。腾讯会议在新冠肺炎疫情期间暴增，上线245天用户即突破1个亿，成为国内最先突破1亿用户的视频会议产品。2020年，腾讯企点助力企业实现服务营销一体化的全链路智慧运营，升级服务体验、营销转化及上下游交易协同效率。在教育、工业、零售、金融等80多个领域助力数十万家企业实现数字化转型升级。企点客服产品线全年销售增速超200%。

2020年，"千帆计划"升级为一云多端。2020年，腾讯云与100多个头部SaaS厂商通力协作，联合推出了54个场景解决方案，共建技术中台和标准，推动SaaS厂商之间的互联互通、相互集成和高效开发。如鹊桥iPaaS可大幅降低SaaS应用的集成门槛和难度，以往数十天的集成项目可在几天内完成。借助神笔aPaaS，企业可以快速根据场景定制化应用。目前，已经有上百家国内外SaaS厂商通过玉符IDaaS实现了账号集成互通，超过40家SaaS厂商借助鹊桥iPaaS高效集成。通过生态开放，腾讯云放大了自身的产品和技术优势，拓宽了云的应用边界，也丰富了云的应用场景。

第十五章 百度

第一节 总体发展情况

2019年，营业收入为1074亿元，约合154亿美元。其中，一季度调整后每ADS盈利2.77元，营业收入同比增长15%，至241亿元。一季度调整后运营利润为4.01亿元。网络营销收入同比增长3%，至177亿元。一季度流量获取成本（TAC）同比增长41%，至32亿元。一季度宽带成本同比增长39%，至20亿元。2019年3月，百度App日活用户数同比增长28%，至1.74亿元；好看视频日活用户数同比增长768%，至0.22亿元。百度第二季度总营业收入为263亿元，约合38.4亿美元，与2018年同期相比增长1%，与上一季度相比增长9%。归属于百度的净利润为24亿元，约合3.51亿美元，与去年同期相比下降62%，不按照美国通用会计准则，归属于百度的净利润为36亿元，约合5.29亿美元。第三季度归属于普通股东净利润为-63.73亿元，同比下降151.41%，营业收入为280.80亿元，同比下降0.44%。2019年第四季度，百度实现营业收入289亿元，归属百度的净利润达到92亿元（非美国通用会计准则），同比增长95%。

据百度财报，2020年百度营业收入1071亿元，净利润220亿元。其中2020年第一季度百度总营业收入为225亿元（约合31.8亿美元），同比下降7%，归属于百度的净利润为4100万元，同比实现扭亏；在非美国通用会计准则（Non-GAAP）下，净利润31亿元，同比增长219%。第二季度，百度实现营收260.3亿元，净利润（Non-GAAP）50.8亿元，

同比增长40%，营业收入、利润指标均超市场平均预期。第三季度，百度实现营业收入282亿元，归属百度的净利润达到137亿元，营业收入和利润均超出华尔街预期。第四季度百度实现营业收入303亿元，该季度净利润达到69亿元，连续四个季度超市场预期。

第二节 重点发展战略

一、打造领先的AI生态型公司

百度作为领先的AI生态型公司，将抓住云服务、智能交通、智能驾驶及其他人工智能领域的巨大市场机遇，同时"在基础研究、基础技术和底层创新上肯下硬功夫"。据百度公司财报显示，2020年百度核心研发费用占比达到21.4%，即百度在2020年研发投入超过200亿元，强度位于中国大型科技互联网公司前列。近几年，百度几乎每个季度的研发占比都不低于15%，即使业绩波动也一直保持对研发的高比例投入。在底层设施层面，百度着力打造AI新型基础设施，凭借"百度大脑6.0"核心技术实现自主创新，借助"百度飞桨"打造开源生态，通过量子计算、生物计算等前沿技术勾画未来蓝图，打造云计算铺设的智能经济高速公路，推动智能交通、智慧城市、智慧金融、智慧能源、智慧医疗、工业互联网和智能制造等领域实现产业智能化升级；在业务层面，百度AI业务布局基本分为智能云、自动驾驶、智能语音及AI芯片四大部分，并在各个领域形成规模化布局，软硬一体，迅速扩张。

二、以智能云为百度带来新的增长动力

百度2020年财报中，百度第一次公布智能云收入，2020年第四季度，百度智能云营收同比增长高达67%，相较二、三季度进一步提升，收入约为130亿元。智能云进入发展快车道。2019年年底，全球咨询机构IDC发布《中国人工智能云服务市场研究报告（2020H1）》报告，在中国AI公有云服务市场，百度智能云市场份额排名中国第一。根据IDC的报告，百度智能云已连续三次在AI Cloud市场份额中排名第一。此外，根据百度财报披露，为进一步增强百度智能云的算力优势，百度

自主研发的昆仑2芯片即将量产,并将部署在搜索、工业互联网、智能交通等业务领域。百度昆仑芯片使得百度大脑具备了更完备的软硬一体化能力,形成了从芯片到深度学习框架、平台、生态的AI全栈技术布局。

三、整合优势资源进军智能汽车市场

百度2020年财报显示,百度智能驾驶技术上取得了突破性进展。无人驾驶路测方面,继获得全国首个无人化(第一阶段)测试许可后,Apollo又获得加州全无人驾驶测试许可,成为行业中唯一同时获得中美此类许可的中国公司。截至2020年12月,百度在中国累计获得测试牌照已达199张。此外,据《北京市自动驾驶车辆道路测试报告(2020)》,百度取得测试车辆数、测试里程数双料三连冠。乘用车自动驾驶服务方面,Apollo自动驾驶开放平台发展势头正劲,目前已与10家国内外车企达成战略合作,通过高精地图、自主泊车等汽车智能化解决方案赋能合作伙伴。此外,ANP领航辅助驾驶解决方案也开始商业化落地。在自动驾驶乘车服务方面,截至2020年12月,Apollo robotaxi及robobus已接待乘客超21万人。2021年1月11日,百度宣布正式组建一家智能汽车公司。汽车"新四化"浪潮之下,百度以整车制造商身份进军汽车行业,在智能驾驶、智能交通上具有独特的整合优势,并与吉利控股集团建立了战略合作伙伴关系。

四、拓展多元化变现潜能

百度2020年财报显示,百度将构建起多元化变现能力。直播方面,百度准备与视频社交媒体YY Live进行深度整合。未来,百度移动生态在商业模式上还将不断向纵深发展,深耕电商、健康等核心垂直应用类,拓展多元化变现潜能。2020年,百度以强劲的业绩圆满收官,见证了中国经济的韧性和活力,也成为工业互联网数字化加速发展的受益者。2020年第四季度,百度核心非广告收入同比增长52%,表明百度在技术创新上的定力已显成效。作为领先的AI生态型公司,百度将抓住云服务、智能交通、智能驾驶及其他人工智能领域的巨大市场机遇,也将充分发挥自身庞大的互联网用户群优势,提供更多非广告服务。

第十六章

京东

第一节 总体发展情况

核心指标超市场预期。据京东集团公布的 2020 年全年财报显示，全年净收入为 7458 亿元（约 1143 亿美元），同比增长 29.3%。其中净服务收入为 939 亿元（约 144 亿美元），同比增长 41.8%。物流及其他服务收入为 404.5 亿元，同比增长 72%，在净收入中的占比不断提升。2020 年全年归属于普通股股东的净利润为 494 亿元，2019 年全年为 122 亿元。2020 年全年非美国通用会计准则下（Non-GAAP）归属于普通股股东的净利润为 168 亿元，2019 年全年为 107 亿元。

坐稳互联网零售企业头把交椅。2020 年京东零售的战略目标是实现交易额、收入、用户、利润四大关键指标的加速增长。京东紧抓消费市场对高频度、高品质消费品类需求的增长，深度打造正品行货、优质服务的零售体验，深化品牌的高品质形象，实现了利润的持续增长。2020 年全年京东零售经营利润率为 2.8%，较 2019 年增长 0.3 个百分点。新冠肺炎疫情的发生在一定程度上加速了线上消费习惯的养成，越来越多的消费者习惯于从互联网获得高品质的产品和服务。京东不断深化和精细化用户体验指数（NPS）绩效考核机制，持续优化商品质量、丰富度，以及客售服务；持续拓展全渠道业务，已连接 367 万个线下门店，覆盖药店、专卖店、商超、便利店、汽修店、鲜花店等多种线下业态；聚焦人群持续扩张，面向广阔的城乡消费市场，吸引下沉市场群体，为下沉市场用户提供更高性价比的商品和更有保障的服务。

聚焦产业技术持续加大研发投入。京东四季度财报显示，2020年研发费用为161亿元，相比2019年的146亿增长10%。2017—2020年，京东累计研发费用投入近600亿元，成为国内技术投入最大的科技企业之一。目前，京东研发体系拥有1.8万名员工，包括6位IEEE会士（IEEE Fellow）、500多名博士。2020年11月，京东还成立了探索研究院，坚持长期探索的技术精神，立足基础研究，专注前沿科技，集聚研发力量，打造源头性科技高地。2019年，京东开始在财报中披露各季度研发费用。分析2019—2020年8个季度的研发费用，6个季度保持着每季度36~37亿元的稳定支出。2020年下半年，研发费用小幅上涨，出现单季超过40亿元情况。2020年后，京东在云计算、技术平台，场馆产业技术的投入力度进一步加大，在京东云软硬件一体化的云计算相关技术方面持续投入，有力支撑了快速增长的业务需求，并能快速服务客户。

第二节 重点发展战略

一、以主动扩张为主调，实现全渠道拓展

2020年，京东零售将全渠道拓展作为重点发展战略之一，全渠道业务定位为平台主要消费模式的有效补充。京东认为，未来全渠道和即时消费模式具有很大的发展空间，在不同行业里的渗透率会不断加强。2020年4月底，京东零售成立大商超全渠道事业群，并由此开启全渠道创新。首先，针对传统快消业的痛点，京东提出"物竞天择"项目，打造去中心化网络，将订单信息以信息流的方式传达到离消费者最近的网点，再进行就近配送，从而极大降低物流成本。随着"物竞天择"项目的全面推开,京东在多个城市建立全品类即时消费的零售生态。此外，京东帮助品牌商搭建B2B2C的全域营销体系，着力打通线上线下数据，辅助品牌商实现更精准的用户触达，最终实现全渠道的收入提升。京东零售在全渠道布局方面进行了多维下探，以供应链为核心的全渠道整合能力，充分发挥了各业务在采购、供应链、营销等方面的业务协调性，满足临时补货的特殊情况，并经受住了疫情的考验。2020年"双十一"

期间，京东与沃尔玛、永辉等多家商超便利店品牌联合推出商超便利超级合作伙伴计划，将京东全渠道基础设施共享给合作伙伴，包括智能供应链支持、数字化解决方案和全域营销生态，共同打造线上线下私域公域流量循环的全域营销生态，全面助力品牌和全渠道合作伙伴实现数字化转型。

二、下沉新兴市场，向三四线城市及以下发力

京东向下沉市场体系化推进的战略目标取得阶段性成果。2020年，京东净增1亿多活跃用户，其中近80%来自下沉新兴市场，即下沉市场贡献了超8000万活跃用户。京东着力为下沉新兴市场创造价值，通过对下沉市场用户需求的洞察，充分调动和赋能产业带动商家，精准对接用户对购物的"低价、好用、有保障"需求，带动产业链多方共赢。2020年"双十一"期间，京东旗下社交电商平台京喜致力激发下沉市场消费者热情，精心打造"真验厂、真低价"好物和"安心买"服务，使订单量再创新高。"双十一"期间，京东通过京喜助农合伙人推动农产品上行，带动产业带发展和商家订单量提升。此外，京东以"打造低价爆款"作为切入点，以供应链为基础，拉动商家整体销售，从而带动一个产业带，迅速撬动下沉新兴市场。与此同时，京东同步配套提供"安心买"服务，从全场包邮、闪电退款、真验厂等7个方面给予消费者品质保障和优质的售后服务。京东京喜平台积极布局、拓展下沉市场，在短时间内实现企业高质量发展，赢得市场口碑，推动下沉的零售平台遵循零售本质。

三、打造平台生态，重视第三方平台商家发展

京东平台生态对京东零售的可持续增长意义重大，平台生态既包括POP业务，也涵盖京东的自营生态。在整个京东零售体系中，POP业务和自营业务同等重要，自营业务运行情况反映供应链管理能力，POP业务则重在体现商品丰富性和服务能力，两者互为补充、相互促进。2019年京东在自营店铺中率先开放数据、运营、营销等核心能力，促进自营的采购和销售环节与品牌商更好地协作配合，助力商家和品牌商业务的

双增长。2020年，京东继续推动POP业务和自营业务的健康发展。对于以自营为主的商品品类，重点进一步强化供应链优势，以供应链规模优势降低产品成本，为用户提供物美价廉的商品。POP业务优势在于商品的丰富性和服务的多样性。对于以POP为主的商品品类，京东重点营造公平、健康、良性的生态规则，培育优质商家，树立标杆典范，形成标杆效应，从而以点带面拉动用户购物频次。同时，面向商家构建科学完善的成长体系，京东积极赋能商家的业务和发展，让商家在京东平台收获更大的成长。2020年，京东零售继续完善采购和销售供应链、业务、技术和数据四个大中台的模型搭建，不但积累建设能力，而且持续深化大中台建设。持续构筑大中台建设能力，一方面能满足京东零售渠道多、场景多、终端多的现实需求，不断优化成本效率，另一方面可以赋能产业链合作伙伴，实现多方共赢，提升京东平台的黏合性。

第十七章

数码视讯

第一节 总体发展情况

按照行业划分，数码视讯主要涉及广播电视信息行业、金融行业、电信行业、特种需求定制及其他行业。2020年，公司实现营业收入9.87亿元，与上年同期基本持平，实现净利润7673.09万元，较上年同期增长9.82%。目前公司有736名员工，其中研发人员占比超过50%。

第二节 重点发展战略

一、升级完善5G+4K/8K超高清视频全产业解决方案

超高清视频是继视频数字化、高清化之后的新一轮重大技术革新，将带动视频采集、制作、传输、呈现、应用等产业链各环节发生深刻变革。加快发展超高清视频产业，对满足人民日益增长的美好生活需要、驱动以视频为核心的行业智能化转型、促进我国信息产业和文化产业整体实力提升具有重大意义。公司较早布局超高清领域，依托多年来自主研发核心技术及行业积累，已实现了超高清视频全产业解决方案的产品化，具备提供4K采集—编码—AI视频处理—核心交换—存储—转码—播发—网络—终端—安全等全产业完整解决方案，形成了从内容、前端、网络、终端和服务的超高清视频整体产业链的生态系统。公司依托自主研发的核心技术与产品，已经在众多重大直播事件中完成落地应用，将

持续推动广播电视、电信运营商及互联网视频的 4K/8K 快速发展。随着规划中的超高清频道开通，公司依托核心技术和产品，将加速落地 4K/8K 超高清视频全产业解决方案。

二、发力云服务战略，积极拥抱云时代

在新冠肺炎疫情尚未得到完全控制的情况下，"无接触式"工作模式迎来了快速的发展，在线办公、移动办公、视频会议等云办公形态已显现出明显增长。根据前瞻产业研究院数据，2018 年我国仅智能移动办公市场规模就在 234 亿元左右，预计到 2024 年该市场规模将增长到 486 亿元左右，年复合增长率为 12.4%。云直播平台不仅适用于目前特殊的形势，随着科技的发展和社会的进步，该系统也会迎来在线教育、视频会议、远程医疗等更加广阔多元的使用场景。

数码视讯作为数据安全领域领先的产品和解决方案提供商，拥有融合云视频平台方案，能够深度覆盖云办公的使用场景，提供集客户业务支撑端到端的完整系统服务。公司已经实现在云直播平台提供 SaaS 层服务，能够灵活开启、关闭直播服务，同时提供移动场景下的超高清直播服务。在视频格式方面，兼容 VR、AR、4K/8K 多视角切换，以满足观众更高层次的需求，立足于视频云计算 SaaS 的综合服务，汇集深度学习和大数据分析的 AI 技术，可满足会议媒体、监控媒体、办公媒体、业务媒体多应用场景的融合业务，实现系统、设备、视频流全方位接入，所有资源统一接入、统一处理、统一调度、统一存储、统一分发。未来有望在公共文化服务、智慧城市信息化等领域实现突破。

三、拓展 DRM 数字版权保护，构建媒体消费产业"护城河"

国家广播电视总局深入贯彻落实国家知识产权战略，将视听内容版权保护作为支撑广播电视和网络视听行业繁荣发展、保障文化强国建设的一项重要工作进行谋划和推进。数码视讯在版权保护与新技术结合方面做了许多前沿探索。通过对版权内容加密、加水印技术保护同时，研究基于区块链的数字版权管理技术。在 IP 网络安全方面，公司的 DRM

系统符合 China DRM 标准，作为与 CDTA（中国广播影视版权数字管理认证中心）签约的方案商，拥有无卡高安技术及视频水印技术，能够为 IP 网络下直播、点播业务，4K 等超高清版权内容的引入提供可靠的安全保障。公司将继续植根科研开发，积极推动应用落地，助力构建和谐的视频行业生态环境，为促进我国视频安全事业的发展持续贡献力量。

四、回归视频技术核心，拓展应用场景及行业领域

数码视讯以自主研发的视频传输、视频加密、视频融合等基础技术为核心，聚焦视频技术全产业，做好主营业务的同时，充分发挥产品、资源及经验等竞争优势，研究技术的全新应用形式，挖掘最新的市场需求，开拓更广泛的融合应用场景，拓展产品、技术、解决方案的应用范围，开拓更多更新的业务领域。

第三节　重点领域发展情况

在视频新媒体板块，公司较早地布局了超高清产业相关技术及产品研发，已具备超高清全产业链产品及解决方案，包括 4K/8K 内容的媒资生产、4K/8K 节目编转解技术、4K/8K 内容的智能管理与网络分发平台、4K 智能终端等技术与方案，覆盖内容采集侧、制作侧、传输侧、网络分发与管理、智能终端等多个环节。

在应急及公共安全板块，公司的应急广播建设方案贴合广电新技术发展趋势，可融入卫星传输、直播星覆盖、CDR、TVOS、广电无线 U 频段等应用。公司中标了蚌埠市应急广播建设采购项目、马鞍山市市级及所辖区应急广播系统建设、池州市应急广播等项目。公司近年来已相继中标了江苏、江西、辽宁等省级平台，并且覆盖了绝大多数已招标的地市级平台。目前公司的国密 CAS 系统已在广东省广电成功商用，该项目为国内首个按照国家政策建设、覆盖广东全省数字电视用户的省级国密 CAS 项目；在 DVB 网络安全方面，公司的 CAS/DCAS 也拥有最多的省级网络运营商案例。

在视频安全板块，可提供数字内容加密技术、数字内容水印技术及数字内容传输链路保护技术，拥有可下载条件接收系统服务端、可下载

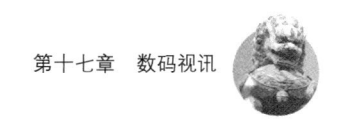

条件接收系统模块等多项商用密码产品认证证书，以及嵌入式硬件加密机与通用服务器架构的加密机等硬件设备，具备长期稳定的服务能力。

在 DRM 板块，2017 年公司成为国内首个通过 ChinaDRM Lab 解决方案安全评估认证的厂商，同时也是国内为数不多可提供数字内容加密技术、数字内容水印技术、数字内容传输链路保护技术的服务商之一。公司基于自主研发的版权管理体系推出了整体解决方案，支持国密算法，支持 H.264、H.265 及 AVS2 编码格式的 4K 加密及转码，同时拥有自主研发的高性能数字水印系统，可在 DVB、OTT 及 IPTV 等多种业务应用场景中融合应用。公司针对 4K 等内容版权保护的 DRM 系统相继落地了华数、四川广电、天津市网、北方联合网络等省级广电运营商，为优质视频内容保驾护航。

在互联网金融板块，数码视讯积极面对金融行业受政策及监管的相关影响，迅速调整策略，多措并举，优化客户结构，积极开拓电子商务、互联网直播、游戏等行业市场，丰富产品，制订行业解决方案，成本侧进一步优化和控制。

第十八章 网宿科技

第一节 总体发展情况

网宿科技致力于互联网和云计算基础设施等方面的关键技术研究，基于强大的数据分发和处理能力，在全球构建了广泛高效的内容分发网络，并持续推进节点下沉、本地覆盖，开发面向边缘计算的支撑平台。自 2000 年成立以来，网宿科技搭建了全球化的智能服务平台，业务从 CDN、IDC 扩展到安全、专有云、MSP 服务及网络产品，并向边缘计算发展；积极推进全球化战略，通过并购强化海外业务平台及销售体系，为客户提供全球化服务。

2020 年网宿科技明确五大业务方向：①布局 5G 趋势下的新挑战，CDN 平台云化演进到边缘计算平台，让用户在网络边缘获得快速、智能且安全的体验；②打造企业网络连接和安全访问整体方案，覆盖云及数据中心的主机安全、内容分发安全（网盾）及安全 SD-WAN、用户访问安全（零信任 SDP）；③打造企业专有云+安全整体解决方案，助力企业数字化转型升级；④提供 MSP（ManagedServiceProvider）服务能力；⑤提供 IDC+液冷节能解决方案，关注高品质、绿色数据中心服务；同时，以业务为出发点，对组织架构进行优化调整，建立和业务布局相匹配的组织架构，提升组织能力；紧紧围绕发展战略，专注主营业务，从技术、产品、市场、业务经验积累和商业模式等方面持续提升市场竞争能力，进一步打造"产品+平台+服务"的生态。

2020年，公司传统业务稳步发展，继续保持了规模优势和行业领先地位；新业务优势凸显，收入规模同比保持快速增长。2020年，公司实现营业收入568664.10万元，同期下降5.34%；营业利润28961.74万元，同期增长76.56%；利润总额21833.43万元，同期增长907.76%；归属于上市公司股东的净利润22000.12万元，同期增长537.99%。

目前，CDN行业竞争格局逐步清晰，经历了残酷的市场竞争，公司仍保持了规模优势和行业领先地位。公司的战略规划也更加明确，未来5年，网宿将继续围绕IT基础平台服务，加大对CDN、网络及安全、云计算和边缘计算等领域的投入，用更好的产品和服务迎接智能时代新的机遇；在做好IT基础平台服务业务的基础上，以服务公司战略为基础，围绕公司的产业链布局，加强对外投资、合作。

第二节 重点发展战略

一、加大研发投入，以技术创新应对市场的变化

一是以客户需求为出发点，对已有产品及核心技术进行优化和更新迭代；二是不断探索挖掘客户新需求，继续开展安全、专有云及云服务相关技术研发和产品开发、完善产品线，继续投入边缘计算平台项目，强化公司平台的服务能力，打造综合智能化的业务平台；另外，开展具有前瞻性的研发部署，对5G、物联网、AI等战略新兴领域提前布局，紧跟互联网未来发展的机遇。同时，加大对研发成果申请知识产权保护，并加强海外知识产权保护力度。

二、赋能业务平台，打造具备综合能力的智能平台

完善对亚太、北美及欧洲地区的安全节点覆盖能力，提升全球的安全防护实力，并将在服务的自动化、智能化、可视化等方面做出更多努力。打造满足市场需求的安全产品，继续推进安全品牌升级及市场开拓。公司将继续加强云平台的服务能力及稳定性，推进云计算产品的成熟度。

逐步打造具有传输、计算、存储和安全能力的综合智能化业务平台，

推进能力下沉,为满足客户多元化的需求做好技术储备继续推进"面向边缘计算的支撑平台"项目建设。凭借在全球部署的分布式 CDN 节点及逐步搭建的边缘计算网络,继续开放并强化计算能力,将计算、存储、安全、应用处理等能力推到边缘,发展边缘计算服务能力,密切关注下游需求,为产业成长提供基于边缘的基础设施能力、应用服务,以及行业解决方案。跟随行业发展,从 CDN 到边缘计算,实现差异化竞争策略。

三、继续提升服务能力,提高客户黏性

抓住客户的核心业务痛点和需求,形成一体化的综合产品及解决方案,增强客户黏性。同时,继续强化运营能力,建设优质服务体系。技术稳定性是保障终端用户体验、保证客户服务质量的重要因素。公司积累十余年 CDN 业务经验,形成了全方面的质量感知体系及自动化切换系统,确保 CDN 服务质量的最佳稳定性。公司将从客户及互联网终端用户体验出发,继续提高运营能力和服务能力,从而实现稳定、安全运营。另外,打造开发与透明的服务体系,提高客户的自主化能力和平台。

四、以"广度+深度"为主旨,加大市场推广力度

重点战略培育政企市场,加大政企市场投入,强化专业化政企销售和渠道队伍,深耕政企市场,挖掘业务机会。持续在海外布局,进一步搭建优质的网络与服务,提升海外平台的服务性能及可用性。依托公司强大的产品研发能力、成熟的技术与产品、丰富的服务运营经验,加速海外 CDN 平台的建设和海外市场拓展。

第十九章

网易

第一节　总体发展情况

根据网易集团发布 2020 年年度财报显示，2020 年公司营业收入 736.7 亿元，同比增长 24%，在线游戏业务营业收入 546.1 亿元，占比 71.9%，同比增长 18%；有道营业收入 32 亿元，同比增长 143%；创新业务及其他营业收入 159 亿元，同比增长 38%。整体毛利润 389.8 亿元，同比增长 23.5%，毛利率达 52.9%。2020 年公司销售费用 107 亿元，同比大幅增长 72%，主要系游戏和有道的营销推广费用加大。2020 年受投资及汇兑损失影响，公司持续经营利润为 123.3 亿元，同比下降 8%。公司作为中国领先互联网科技公司，聚焦于游戏业务，始终保持游戏行业领先地位，同时不断拓展业务边界，涉足在线教育、在线电商、在线音乐等板块。公司营收保持稳定增速，聚焦主营业务的策略成效显现。游戏方面，老游戏稳定贡献收入，版号正常化后 2021 年多款游戏陆续上线，其中不乏《哈利波特》《暗黑破坏神》等 IP。业内顶尖研发水平及长线运营能力保证公司主业务收入增长可持续性。有道教育业务涉足 K12 黄金赛道，随渗透率逐渐提升及前期运营搭建逐渐完善，利润有望在 2021 年逐渐释放。创新业务部分集合网易云音乐等口碑产品，分别处相关行业头部位置，未来随产品优化，用户数及付费率或将进一步提升。2020 年创新业务及其他收入为 159 亿元，同比增长 38%，主要受网易云音乐、网易 CC 直播及严选电商业务的收入推动。网易云音乐

MAU1.51 亿元，凭独特音乐社区建设增强用户黏性，丰富变现方式提高 ARPPU 值。网易严选主打品牌电商概念，并开展线下严选 HOME，符合新消费对高品质的追求，顺精品化电商趋势，品类扩张+供应链完善促进用户数量增加及复购率回升。

第二节 重点发展战略

一、游戏业务：长线运营+内容创新铸就常青业务

长线运营方面，网易坚持用户导向的核心价值观，努力维护游戏生态以实现长远发展。以《梦幻西游》为例，该系列自 2004 年开始运营以来，至今依然深受欢迎。根据 AppAnnie 的数据，按照 2019 年用户支出统计，其手游版在中国及全球分别排名第二和第七。这一成绩主要归功于网易在游戏生命周期内推出的接近 30 个重要拓展包，以及网易游戏运营、用户社群维护等诸多方面的长期努力。截至 2017 年，《梦幻西游》已推出 20 部资料片。内容创新方面，网易不仅成功在现有游戏的基础上再接再厉，提供多维度的内容，而且还不断孕育出新构思，为用户带来新颖且耐玩的游戏。例如，网易于 2019 年 12 月推出的《梦幻西游三维版》，进一步扩大了该系列的影响范围，吸引新老玩家；又如《阴阳师》这款网易自研手游，衍生出了三款新的手游、一部主题电影、一部音乐剧和一家主题咖啡厅。

二、有道：专注精品课程，四大业务板块形成闭环

有道凭借自身完整的产品矩阵内生流量，借鉴打造游戏 IP 的成功经验，以具有丰富游戏化功能的自有学习服务、产品进行内部导流引入在线课程板块变现。网易有道目前已形成了四大业务板块：在线课程（以有道精品课为核心，覆盖全年龄段）、互动学习软件（有道阅读、有道数学等产品）、在线学习工具（有道词典、有道云笔记等）、智能硬件（翻译网、词典笔等）。以有道精品课为例，截至 2020 年 12 月底，有道精品课付费用户人次达 209.7 万人，其中 K12 课程的付费用户人次约为 148.7 万人，K12 课程的付费用户人次同比增长 314%，平均课单价 1343 元。

除推出高品质在线课程内容外，在提升教学体验，打通线上线下教育闭环上，将持续优化有道智能笔的功能。出于助力少儿语言学习，解决当前小学生语言学习痛点的目的，网易有道推出了2019年重点布局的K12流量型工具——有道少儿词典，包括语音跟读、笔顺跟写、自然拼读、智能听写、拍照取词需求，切实解决小学生及家长普遍面临的痛点。按照收入模式，有道的总收入可以分为学习服务、学习产品及在线营销服务三个部分。2020年全年，有道净收入31.68亿元，相比于2019年全年13.05亿元的净收入，同比增长143%。其中2020年第四季度，有道实现净收入11.07亿元，同比增长170%；学习服务收入约7.32亿元，占比66%，包括线上教育课程、在线知识工具和互动学习软件的付费收入；学习产品收入约2.37亿元，占比21%，来自智能硬件设备的销售；在线营销服务收入约1.38亿元，占比12%，包括点击类效果广告和品牌广告服务。

三、创新业务不断扩充，稳中有增寻求突破

网易的创新业务及其他业务收入主要来自电商、音乐流媒体、视频流媒体、广告服务、付费电子邮件及其他增值服务。网易2020年创新业务收入达158.9亿元，同比增长38.01%，占总收入比例达21.57%，较2019年前三季度增加2.13%。经拆分，2020年第四季度创新及其他业务净收入为53亿元，上一季度和去年同期分别为39亿元和37.2亿元。历年总体收入呈增长态势。相关增长主要受网易云音乐、网易CC直播及严选电商业务的收入增加的推动。来自创新业务及其他的收入于各年遵循相同的整体季节性趋势，由于春节假期及传统上客户年度预算的结算，第一季度成为最疲软的季度，而第四季度则为最强劲的季度。电商业务收入于每年第一季度春节假期期间相对较低，中国零售和电商企业展开的各种促销活动导致第四季度的销售高于前三个季度。则预计2020年全年创新业务收入继续维持增长态势。

第二十章

美团

第一节　总体发展情况

业绩简述：美团点评 2020 年全年实现营业收入 1147.95 亿元，同比上升 17.7%。经调整净利润为 31.2 亿元，同比下降 33%。交易用户（近 12 个月）达 5.1 亿人，同比上升 13.3%，活跃商家数（近 12 月）达 680 万家，同比上升 9.7%；2020 年 4 季度餐饮外卖交易笔数达 33.3 亿笔，同比上升 33.0%，酒店预订间夜量同比增长 5.1% 至 1.2 亿间。现金等价物及短期投资合计 611 亿元，稳健的现金储备铺有助于新业务的持续拓展。美团收入推动有两大因素，一方面是因为国内疫情的持续减弱、经济复苏步伐加快，另一方面是公司在新业务上的不断拓展。按业务板块来看，餐饮外卖全年经营利润 28.3 亿元，变现率结构化改善，商家总数进一步增长；酒店旅游及到店业务：全年经营利润 81.8 亿元，经营持续恢复，运营提升助力营销收入快速增长。另外，公司持续提升运营能力，助力到店业务佣金及营销收入增长。主要措施有引入更多轻食餐厅、优化运营系统将更多的外卖业务商家转化为到店餐饮商家、扩大服务类别及开展主题推广活动等。

第二节 重点发展战略

一、经营随疫情趋缓继续恢复，加码社区团购不断扩展新边界

美团 2020 年第四季度收入继续快速恢复。一方面因为国内疫情的持续减弱、经济复苏步伐加快，另一方面公司在新业务上的不断拓展。具体体现在三个方面，一是公司用户规模、商家规模、订单量等经营数据继续增长；二是公司在现有业务上不断优化运营能力，通过丰富产品组合及服务体验进一步满足消费者需求；三是社区团购业务在第四季度暴发贡献较大收入增量。从外卖业务来看，2020 年第四季度，美团的餐饮外卖 GMV 为 1563 亿元，同比增长 39.4%，餐饮外卖收入 215 亿元，同比增长 37%；拆分来看，餐饮外卖日均交易笔数为 36.2 百万笔，同比增长 33%，每笔餐饮外卖业务订单的平均价值为 46.9 元，同比增长 4.8%。推动外卖订单量增长主因有四个，一是低于一线城市的渗透率提升，2020 年大多数新用户来自三线及以下城市；二是公司的高效营销活动。例如，公司通过会员制度持续提升高潜力消费者的交易频次，月均会员数量较 2019 年提升 200% 以上；扩大消费场景，早餐、下午茶及夜宵的订单量以高于午餐及晚餐的速度增长；三是配送服务优化带动三千米以外订单占比提升，进一步满足消费者多元化需求；四是新冠肺炎疫情加快了更多餐厅运营的数字化，平台上餐厅的整体质量进一步提升。美团的商家总数进一步上升至 680 万家。单价上升主因：订单结构变化，更多交易用户订单从品牌餐厅下单，推动了平均单价的提升。

二、酒店旅游及到店业务：恢复速度加快，酒旅间夜量提升，到店 GTV 及佣金收入创新高

酒店旅游及到店业务恢复速度加快，第四季度在疫情中保持逆势增长。第四季度收入同比上升 12.2% 至 71.35 亿元，佣金收入增速较快，实现营业收入 35.82 亿元，同比增长 11.8%，环比增长 7.8%；在线营销服务及其他业务实现收入 35.53 亿元，同比增长 12.7%，环比增长 12.6%。到店 GTV 和佣金收入同比增速达到两年内纪录高点。公司引入了更多优

质餐厅，进一步扩大商家规模，并为全国头部及本地连锁餐厅设计创新性交易产品及定制化广告投放，促进了交易额的快速增长，商家数字化营销意识加强，在线营销收入同比增长13%，到综业务中医美销售额增速达70%。酒店需求端：第四季度间夜量同比增长8.8%达1.2亿间，供给端：酒店供给结构优化。高星级酒店渗透率持续增长，占比超15%，其中五星级酒店扩张成果显著，五星酒店间夜量第四季度同比增长超过110%。

三、新业务：投资力度加大，组织架构升级，战略布局社区新零售

美团在2020—2021年持续对组织架构进行调整，可以从其调整变化中窥探公司业务布局重点方向：在领导梯队建设上，成立中高管发展部加强内部人才培养。2020年12月18日，美团联合创始人、执行董事、高级副总裁王慧文正式宣布退休，同时美团内部也迎来新一轮组织架构调整。成立了新的战略级部门——中高管发展部，由美团联合创始人穆荣均负责，面向美团中高级管理者，统管干部培养发展、选拔调用、评估考核、激励等。此次调整，旨在加强年初提出的领导梯队建设，重视内部人才的培养。在业务部门调整上，调整三大平台+两大事业群+四大事业部布局，提升新业务战略布局。美团将服务体验部、美团搜索和语音的相关团队，调整至美团平台下。同时组建新的平台部门——智能交通平台：原来的AI平台拆开，部分业务与交通事业部合并，归入智能交通平台，负责LBS基础设施建设，包括交通、地图、无人车配送，视觉智能等。在2020年7月，成立优选事业部，并从买菜、快驴抽调60%及以上具有零售经验的人员组建优选团队，重点对社区团购业务进行布局。截至2020年12月底，美团优选已成功覆盖27个省2000多个县市（覆盖率超90%），业务增长迅速，在销量上，各类商品的平均日销量已经超过2000万种，峰值达到3000万种，12月月销量环比增长超100%。在用户数上，2021年2月月活用户量为8352.75万人，仅低于橙心优选，而日活用户为882.36万人，为各平台最高，次日用户留存率达38%，在竞争中占优势地位。美团优选的业务扩张展示了美团对于社区团购板块的信心，短期内由于其扩张业务亏损将加大，长期美团将其作为打开下沉市场、让平台对接3亿～4亿潜在用户的契机。

政策篇

第二十一章

2020年中国互联网产业政策环境分析

2020年，面对我国互联网产业的快速发展态势，在中央网络安全和信息化委员会的统一领导下，中央各部委围绕各领域"互联网+"发展，持续开展"互联网+"新业态治理，特别是在平台经济反垄断、互联网直播营销、互联网金融、数据安全、个人信息保护方面，加快建章立制，为保障行业健康发展提供了有力保障。

一、持续开展"互联网+"新业态治理

2020年，国家部委持续推进"互联网+"新业态治理，并在旅游、网络交易、互联网直播营销、网络售药、网络教育等领域做出了新的规范。为保障旅游者合法权益，规范在线旅游市场秩序，促进在线旅游行业可持续发展，2020年9月1日，文化和旅游部印发《在线旅游经营服务管理暂行规定》，对通过互联网等信息网络为旅游者提供包价旅游服务及交通、住宿、餐饮、游览、娱乐等单项旅游服务的经营活动做出规范，该规定于2020年10月1日起正式施行。为规范网络交易活动，维护网络交易秩序，保障网络交易各方主体合法权益，2020年10月20日，市场监管总局就《网络交易监督管理办法（征求意见稿）》公开征求意见，对在网络社交、网络直播等信息网络活动中销售商品或者提供服务的经营活动进行了规范，该办法于2021年3月15日正式印发。为加强互联网直播营销信息内容服务管理，促进互联网直播营销行业健康有序发展，国家互联网信息办公室会同有关部门起草了《互联网直播营销信息内容服务管理规定》，对利用互联网从事直播营销信息内容服务

进行了规范，并于 2020 年 11 月 13 日向社会公开征求意见，该办法于 2021 年 4 月 27 日正式印发。为规范药品网络销售和药品网络交易服务行为，保障公众用药安全，2020 年 11 月 12 日，国家药监局综合司就《药品网络销售监督管理办法(征求意见稿)》向社会公开征求意见。2020 年 12 月 3 日，为保障优质线上教育资源供给，推动涉未成年人网课平台健康有序发展，中央网信办和教育部联合印发了《关于进一步加强涉未成年人网课平台规范管理的通知》，要求对涉未成年人网课平台加强备案管理、强化日常监管、提升人员素质和注重协同治理。

二、加强平台经济领域反垄断治理

为预防和制止互联网平台经济领域垄断行为，降低行政执法和经营者合规成本，加强和改进平台经济领域反垄断监管，保护市场公平竞争，维护消费者利益和社会公共利益，促进平台经济持续健康发展，2020 年 11 月，市场监管总局发布了关于《关于平台经济领域的反垄断指南(征求意见稿)》公开征求意见公告，对平台经济领域反垄断相关市场界定、滥用市场支配地位行为、经营者集中、滥用行政权力排除和限制竞争等做出了详细明确规定。经过广泛征求意见，2021 年 2 月 7 日，国务院反垄断委员会正式印发了《关于平台经济领域的反垄断指南》。同期，市场监管总局依法对阿里巴巴集团控股有限公司在中国境内网络零售平台服务市场实施"二选一"垄断行为启动了立案调查，并做出行政处罚，责令阿里巴巴集团停止违法行为，并处以其 2019 年中国境内销售额 4557.12 亿元 4%的罚款，计 182.28 亿元。

三、加强网络安全、数据安全和个人信息保护制度建设

2021 年，在中央网络安全和信息化委员会的统筹领导下，我国持续推进网络安全、数据安全和个人信息保护等方面制度建设。2020 年 4 月 10 日，工业和信息化部发布了《网络数据安全标准体系建设指南(征求意见稿)》，提出要"有效建立电信和互联网行业网络数据安全标准体系，提升标准对网络数据安全保护的整体支撑作用"。为了确保关键信息基础设施供应链安全，维护国家安全，2020 年 4 月 13 日，国家互联

网信息办公室联合 11 部委机构联合发布了《网络安全审查办法》，对关键信息基础设施运营者采购网络产品和服务做出相关规定要求。为了保障数据安全，促进数据开发利用，保护公民、组织的合法权益，维护国家主权、安全和发展利益，2020 年 6 月 23 日第十三届全国人大常委会第二十次会议对《中华人民共和国数据安全法（草案）》进行了审议，会后向全社会公开征求意见，草案从数据安全与发展、数据安全制度、数据安全保护义务、政务数据安全与开放、法律责任等方面做出相关规定。2021 年 4 月 26 日—4 月 29 日，十三届全国人大常委会第二十八次会议对《中华人民共和国数据安全法（草案）》进行了第二次审议。为了保护个人信息权益，规范个人信息处理活动，保障个人信息依法有序自由流动，促进个人信息合理利用，2020 年 10 月 22 日，第十三届全国人大常委会第二十二次会议对《中华人民共和国个人信息保护法（草案）》进行第一次审议，会后向全社会公开征求意见。2021 年 4 月 26 日—4 月 29 日，十三届全国人大常委会第二十八次会议对《中华人民共和国个人信息保护法（草案）》进行了第二次审议，草案明确"提供基础性互联网平台服务、用户量巨大、业务类型复杂的个人信息处理者，应成立主要由外部成员组成的独立机构，对个人信息处理活动进行监督，对严重违反法律、行政法规处理个人信息的平台内的产品或者服务提供者，停止提供服务。"

四、加强互联网金融治理

为规范小额贷款公司网络小额贷款业务，防范网络小额贷款业务风险，中国银保监会会同中国人民银行等部门起草了《网络小额贷款业务管理暂行办法（征求意见稿）》，并于 2020 年 11 月 2 日向全社会公开征求意见，《征求意见稿》拟明确监管主体，并对小额贷款公司在经营过程中的风控体系、单户上限、信息披露等问题做出详细规范。同时，划定了限制跨省展业、联合贷款出资不低于 30% 等若干红线，加大了对金融消费者的保护力度。

第二十二章

2020年互联网行业重点政策解析

第一节 《智能汽车创新发展战略》

一、出台背景

智能汽车在2016—2019年的四年间经历了雏形萌芽、快速发展、阶段成果、发展寒冬的一轮春夏秋冬的冷暖更替后，在2020年年初进入调整期，行业发展陷入阶段性的困境。尤其是当这种调整与当前中国汽车行业的下行压力、行业整体不景气叠加的背景下，加之资本热情退却，智能汽车从业者有些无所适从。2020年2月24日，国家发展改革委等11部委联合印发《智能汽车创新发展战略战略》（以下简称《战略》），明确了智能汽车的发展方向，提出科学理性的发展目标，智能汽车作为建设汽车强国的一项国家战略在各部委层面得到重视，将极大地提振行业的信心。

二、内容解析

《战略》指出，发展智能汽车不仅有利于加速汽车产业转型升级，更有利于加快建设制造强国、科技强国、智慧社会，增强国家综合实力。《战略》提出了发展智能汽车的六大具体任务，其中包括构建全面高效的智能汽车网络安全体系，要求完善安全管理联动机制，提升网络安全防护能力，加强汽车数据安全监督管理。《战略》提出到2025年，中国标准智能汽车的技术创新、产业动态、基础设施、法规标准、产品监管

和网络安全体系基本形成。

《战略》提出了六大任务、二十细分任务来推进智能汽车体系建设，包括构建协同开放的智能汽车技术创新体系、构建跨界融合的智能汽车产业生态体系、构建先进完备的智能汽车基础设施体系、构建系统完善的智能汽车法规标准体系、构建科学规范的智能汽车产品监管体系、构建全面高效的智能汽车网络安全体系，多方位推进智能汽车发展。

《战略》是国家层面的一个整体规划，提振信心、达成共识、构建生态是三大主要变化，作为具体开展工作的各个环节来说，还有很多事情需要去做。从企业来说，在《战略》的指导下，企业将能更好地找准自身定位，明确自己干什么，立足主业，突出主体，告别过去一哄而上、低水平重复建设、找不到发展重点的弊端，在包容开放的环境中，更好地参与市场竞争。地方政府对发展智能汽车充满了热情，但落实到具体管理部门，受限于管理水平、专业程度和国际视野的局限，很难对地方发展智能汽车有清晰的认识。《战略》的发布为其提供了指导，有利于地方政府找准地方产业定位，在全国一盘棋的统筹规划中结合地方特色制定地方发展战略，打造有区别的智能汽车先导区。

第二节 《工业数据分类分级指南（试行）》

一、出台背景

2020年2月27日，工业和信息化部办公厅印发了《工业数据分类分级指南（试行）》（以下简称《指南》）。随着新一代信息技术与制造业深度融合发展，特别是"新基建"战略的实施推进，工业互联网促使人、机、物等工业经济生产要素和上下游业务流程更大范围连接，网络空间范围不断突破边界，连接对象种类不断丰富多样，带动工业数据呈现指数级爆发式增长。工业数据海量汇聚增长，蕴藏着巨大价值，已成为工信主管部门及各企业的无形资产，迫切需要构建工业数据治理体系。工业和信息化部在这一时间点对工业数据分类分级提出要求，可谓恰逢其时，意义重大，对《指南》深入理解和有效贯彻将对工业企业提升数据分级管理能力，促进数据充分使用、全局流动和有序共享产生深远影响。

二、内容解析

《指南》旨在指导工业企业建立健全工业数据分类分级管理制度，围绕数据域全面实施数据分类，形成企业工业数据清单，做好对工业数据的差异化防护，不断完善数据管理措施，充分挖掘数据作为生产要素的潜在价值。《指南》可用于指导企业提升工业数据管理能力，促进工业数据的使用、流动与共享，释放数据潜在价值，赋能制造业高质量发展。

《指南》旨在指导企业全面梳理自身工业数据，提升数据分级管理能力，促进数据充分使用、全局流动和有序共享。一是明确企业为数据分类分级主体。工业企业、工业互联网平台企业等作为工业数据的所有者和使用者，承担开展数据分类分级、加强数据管理等主体责任。二是与《数据管理能力成熟度评估模型》（GB/T 36073—2018，以下简称DCMM）互为补充、相互衔接。《指南》将与DCMM贯标工作有机结合，引导企业通过数据防护技术应用、管理流程优化、组织体系变革等方式，实现工业数据管理能力跃升。三是以可操作、可实施为原则持续完善。为确保《指南》内容的有效性和适应性，拟以实践效果为导向，在试点工作中不断改进优化，适时予以修订。

《指南》共4章16条，主要内容包括：第一章总则，阐述编制目的及依据，提出工业数据的基本概念，明确适用范围和原则；第二章数据分类，企业结合行业要求、业务规模、数据复杂程度等实际情况，围绕数据域进行类别梳理，形成分类清单；第三章数据分级，按照每类工业数据遭篡改、破坏、泄露或非法利用后可能带来的潜在影响，将数据划分为3个级别；第四章分级管理，针对有关主管部门和企业建立数据管理制度、实施差异化管理进行描述，为DCMM贯标等提供参考依据。

《指南》有利于挖潜工业数据，繁荣数字经济。《指南》积极对标国家战略要求，要求聚焦工业数据，以分类分级为切入点，以促进数据流通使用为目标，旨在凝聚各方协同发掘工业数据价值，推动数字经济高质量发展。

《指南》有利于全面提升工业数据管理能力。分类分级是提供数据管理能力的有效途径。《大数据产业发展规划（2016—2020年）》将分

类分级作为数据管理要点。《工业控制系统信息安全防护指南》提出对数据进行分类分级管理。DCMM 明确将数据分类分级作为数据管理能力第 2 级（受管理级）至第 5 级（优化级）的基本要求。《指南》围绕工业数据的概念、分类分级方法、差异化管理等方面提出 16 条指导意见，为提升工业数据管理能力指明了方向，具有很强的可操作性。

《指南》有利于提速工业数字化转型步伐。《指南》对工业数据分类分级提出要求，不仅是落实党中央、国务院以大数据促进数字经济发展的部署安排，提升工业自身数据管理能力的现实需要，更是以数字化转型带动工业全要素、全产业链、全价值链升级，实现经济高质量发展的关键举措。

第三节 《关于推动工业互联网加快发展的通知》

一、出台背景

当前，以数字化、网络化、智能化为本质特征的第四次工业革命正在兴起。工业互联网作为新一代信息技术与制造业深度融合的产物，通过对人、机、物的全面互联，构建起全要素、全产业链、全价值链全面连接的新型生产制造和服务体系，是数字化转型的实现途径，是实现新旧动能转换的关键力量。为抢抓新一轮科技革命和产业变革的重大历史机遇，世界主要国家和地区加强制造业数字化转型和工业互联网战略布局，全球领先企业积极行动，产业发展新格局正孕育形成。为推动我国工业互联网加快发展，2020 年 3 月，工业和信息化部制定并印发《关于推动工业互联网加快发展的通知》（以下简称《通知》），明确提出加快新型基础设施建设、加快拓展融合创新应用、加快健全安全保障体系、加快壮大创新发展动能、加快完善产业生态布局、加大政策支持力度 6 个方面 20 项具体举措。

二、内容解析

《通知》将工业互联网新型基础设施具化为工业互联网内外网、标识解析体系、工业互联网平台、工业互联网大数据中心等。与对外连接

的外网不同，工业互联网内网深入到车间、产线、设备，是实现人机物全面互联的关键基础和必要条件，我国目前在传输带宽、兼容能力、部署容易度等方面存在明显不足，需要加快演进升级和更新换代。

《通知》鼓励工业企业升级改造工业互联网内网，打造10个标杆网络，推动100个重点行业龙头企业、1000个地方骨干企业开展工业互联网内网改造升级。鼓励各地组织1~3家工业企业与基础电信企业深度对接合作，利用5G改造工业互联网内网。

《通知》明确，加快国家工业互联网大数据中心建设，鼓励各地建设工业互联网大数据分中心，以实现全国工业互联网大数据资源的汇聚、整合、分析和应用。加快推动工业互联网大数据资源合作共享，面向企业内部数据，加快工业互联网大数据分类分级、全生命周期处理、数据管理等标准的研制，并积极开展试验验证。

《通知》提出，建立企业分级安全管理制度，对工业互联网企业实施精准化、常态化管理，以应对进入实践深耕的我国工业互联网发展面临的安全挑战。

第四节 《贯彻落实网络安全等保制度和关保制度的指导意见》

一、出台背景

随着信息技术飞速发展，我国网络安全工作仍面临一些新形势、新任务和新挑战。为深入贯彻落实网络安全等级保护制度和关键信息基础设施安全保护制度，健全完善国家网络安全综合防控体系，有效防范网络安全威胁，有力处置网络安全事件，严厉打击危害网络安全的违法犯罪活动，切实保障国家网络安全，2020年7月，公安部特制定《贯彻落实网络安全等保制度和关保制度的指导意见》（以下简称《指导意见》）。

二、内容解析

《指导意见》强调了等保2.0中扩展要求的部分，包括大物移云智。

这里将大数据和智能制造（人工智能、工业互联网等）也列为主要方向（由于等保 2.0 标准中大数据还是作为附录形式，而且没有涉及 AI 技术），纳入定级备案工作范围。

《指导意见》明确了不同等级系统每年开展测评的次数，以前是要求二级系统 2 年 1 次，三级系统 1 年 1 次，四级系统半年 1 次；现在统一为每年开展 1 次，文中所说第三级以上包含了第三级系统，并非从第四级开始（第二级系统可参照标准 1 年 1 次来测评）。

《指导意见》再次强调网络安全责任落实问题，要求企业明确网络安全组织机构、工作职责、责任人情况等，能够保证出现问题，可以追究相关责任。

《指导意见》重申网络运营者定期组织专门力量开展自查和评估，上级行业监管部门要组织风险评估，其实也就是企业自身要进行风险评估自查和整改，上报给监管部门。

《指导意见》明确关键信息基础设施安全保护工作职能分工。CII 运营企业必须设立专门安全管理机构（不可以由其他部门兼职管理，但是可能允许该机构同时管理等保对象和 CII，因为两者很难独立分开），明确总负责人和相关岗位人员及职责，自主开展关保工作，包括等保测评、密码应用安全评估、风险评估、关保测评等。

第五节 《关于推动 5G 加快发展的通知》

一、出台背景

2020 年是 5G 商用突破的关键之年，也是我国全面建成小康社会的收官之年。党中央、国务院高度重视 5G 发展。近期，习近平总书记就加快 5G 发展多次做出重要指示，强调要"推动 5G 网络加快发展""加快 5G 网络、数据中心等新型基础设施建设进度"。为贯彻落实习近平总书记指示精神，2020 年 3 月，工业和信息化部发布《关于推动 5G 加快发展的通知》（以下简称《通知》），对于加快 5G 建设及应用、推动产业创新发展、助力经济平稳运行具有重要意义。

二、内容解析

《通知》面向近期的产业和经济社会发展目标，坚持问题导向，聚焦"网络、应用、技术、安全"四个重点环节，以网络建设为基础，以赋能行业为方向，以技术创新为主线，以信息安全为保障，系统推进，充分发挥5G的规模效应和带动作用，积极构建"5G+"新经济形态。

《通知》提出要全力推进5G网络建设、应用推广、技术发展和安全保障，充分发挥5G新型基础设施的规模效应和带动作用，支撑经济高质量发展。其中针对构建5G安全保障体系，明确提出要加强5G网络基础设施安全保障，强化5G网络数据安全保护，培育5G网络安全产业生态等重点工作方向。

《通知》提出加大支持力度，打造新型基础设施。一方面是加快建设部署，重点做好5G网络统筹部署规划，加快推进主要城市的网络建设，加快数据中心等新型基础设施建设，提升用户端到端的网络感知体验。另一方面是加大资源统筹支持，即加大基站站址资源支持，加强5G用电和频率保障，保障网络快速建设运营，同时深化共建共享和5G异网漫游，降低运营企业运营的边际成本。

《通知》提出深化融合应用，构建繁荣生态体系。在产业领域，实施"5G+工业互联网"等工程，推动5G融合工业互联网、边缘计算等新一代信息技术，加快在制造业、医疗健康、车联网等垂直行业领域的应用，探索形成互利共赢的各种新业态、新模式。在消费领域，利用5G套餐优惠、信用购机等举措，加快用户向5G服务迁移，鼓励终端消费；推广5G+VR/AR、赛事直播、游戏娱乐、虚拟购物等应用，培育新兴消费模式，拓展新型消费领域。

《通知》提出加强技术研发，健全产业创新体系。一是加强5G技术和标准研发，需要把提升技术创新能力摆在更加突出位置，加快5G基础架构研究，加快关键元器件、软件、仪器仪表、模组等研发及应用，发展壮大5G产业集群。二是开展5G测试验证，持续开展5G增强技术研发试验，加快毫米波设备、5G SA设备等的测试迭代，促进系统间互操作，加速技术和产业成熟。三是强化5G技术创新支撑能力，支持领先企业基于5G打造并提供行业云服务、能力开放平台、应用开发环节

等共性平台，搭建检测认证平台，鼓励开源生态建设，促进开放式创新。

《通知》提出强化能力建设，建立安全保障体系。一是加强基础设施安全保障；二是强化数据安全保护；三是培育安全产业和治理生态。同时培育 5G 网络安全产业生态，积极创新 5G 安全治理模式，推动建设多主体参与、多部门联动、多行业协同的安全治理机制。

第六节 《关于构建更加完善的要素市场化配置体制机制的意见》

一、出台背景

近年来，我国经济已由高速增长阶段转向高质量发展，正处于转变发展方式、优化经济结构、转换增长动力的关键期。2020 年，新冠肺炎疫情不期而至，一季度中国 GDP 同比下降 6.8%，疫情影响持续发酵，全球经济危机的深度和持续时间也将超出预期，国内经济下行压力骤增。面临传统动能下降、新动能不足的挑战，除了积极的财政政策和宽松的货币政策，还需要深化改革尤其是加大国有企业改革力度，提高劳动生产率和释放改革红利来增强动能。正是在这样的背景下，2020 年 3 月，中共中央 国务院出台了《关于构建更加完善的要素市场化配置体制机制的意见》(以下简称《意见》)，该《意见》在合适的时机全面推出实施，向改革"深水区"出发。

二、内容解析

《意见》分类提出了土地、劳动力、资本、技术、数据五个要素领域改革的方向，明确了完善要素市场化配置的具体举措。《意见》将数据作为第五大要素提出，有以下三层深意：一是国家对数据要素的价值高度认可；二是未来国内经济转型与数据要素密不可分；三是未来国家对数字经济的扶持力度还会继续加大，且持续时间大概率也会超市场预期。

在具体举措上，《意见》重点强调了三个方向：一是推进政府数据开放共享，意在加大数据资源的有效流动，充分挖掘其经济潜力；二是提升社会数据资源价值，包括培育数字经济新产业、新业态和新模式，

鼓励数字要素与传统产业相结合，推动人工智能、可穿戴设备、车联网、物联网等领域数据采集标准化；三是强调要加强数据资源整合和安全保护，为支持其下游产业链的发展打下坚实基础。

《意见》就深化要素市场化配置改革，促进要素自主有序流动，提高要素配置效率等提出"顶层设计"。强调要加快培育数据要素市场，推进政府数据开放共享，提升社会数据资源价值，加强数据资源整合和安全保护，引导培育大数据交易市场，建立健全数据产权交易和行业自律机制。

第七节 《网络安全审查办法》

一、出台背景

关键信息基础设施对国家安全、经济安全、社会稳定、公众健康和安全至关重要。我国建立网络安全审查制度，目的是通过网络安全审查这一举措，及早发现并避免采购产品和服务给关键信息基础设施运行带来风险和危害,保障关键信息基础设施供应链安全,维护国家安全。2020年4月，国家互联网信息办公室等12部委联合制定了《网络安全审查办法》(以下简称《办法》)，为我国开展网络安全审查工作提供了重要的制度保障。

二、内容解析

《办法》明确指出，关键信息基础设施运营者采购网络产品和服务，影响或可能影响国家安全的，应当进行网络安全审查。《办法》进一步明确了审查内容，包括产品和服务使用后带来的关键信息基础设施被非法控制、遭受干扰或破坏，以及重要数据被窃取、泄露、毁损的风险；产品和服务供应中断对关键信息基础设施业务连续性的危害；产品和服务的安全性、开放性、透明性、来源的多样性，供应渠道的可靠性及因为政治、外交、贸易等因素导致供应中断的风险；产品和服务提供者遵守中国法律、行政法规、部门规章情况；其他可能危害关键信息基础设施安全和国家安全的因素。《办法》还对申报材料及流程、审查时限等

做出了相关规定。

《办法》共有二十二条，具有三个鲜明特点。一是法律的约束性。《办法》开宗明义，阐明文件是依据《国家安全法》《网络安全法》而定，目的是"为了确保关键信息基础设施供应链安全，维护国家安全"，从而奠定了《办法》的法律属性和强大约束力。二是机制的规范性。《办法》明确由国家互联网信息办公室会同国家发展改革委、工业和信息化部、公安部、安全部、财政部、商务部、中国人民银行、国家市场监管总局、国家广播电视总局、国家保密局、国家密码管理局等建立国家网络安全审查工作机制，强调审查工作的严肃性与规范性。三是指向的鲜明性，《办法》阐述了审查工作的理念、预期目标及实现路径。《办法》明确指出，关键信息基础设施运营者采购网络产品和服务，"影响或可能影响国家安全的，应当按照本办法进行网络安全审查"。《办法》详细列出对关键信息基础设施安全性和可控性造成风险的五个方面作为审查的重点。

第八节 《中华人民共和国数据安全法》

一、出台背景

随着信息技术和人类生产生活交汇融合，各类数据迅猛增长、海量聚集，对经济发展、社会治理、人民生活都产生了重大而深刻的影响。出台《中华人民共和国数据安全法》（以下简称《数据安全法》）体现了四方面的意义：一是确立了数据分级分类管理及风险评估、监测预警和应急处置等数据安全管理各项基本制度；二是明确了开展数据活动的组织、个人的数据安全保护义务，落实数据安全保护责任；三是强调坚持安全与发展并重，规定支持促进数据安全与发展的措施；四是建立了保障政务数据安全和推动政务数据开放的制度措施。

二、内容解析

该法共七章五十五条，主要包括适用范围、支持促进数据安全与发展的措施、数据安全制度、数据安全保护义务、政务数据安全与开放、

数据安全工作职责六方面内容。在有效应对境内外数据安全风险方面，该法要求建立健全国家数据安全管理制度，完善国家数据安全治理体系。数据是国家基础性战略资源，没有数据安全就没有国家安全。因此，应当按照总体国家安全观的要求，通过立法加强数据安全保护，建立健全各项制度措施，规范数据活动，完善数据安全治理体系，明确政务数据安全管理制度和开放利用规则，切实保障国家数据安全。

该法体现了"数据安全与发展"的平衡立法目标。《数据安全法》第一条"为了规范数据处理，保障数据安全，促进数据开发利用，保护公民、组织的合法权益，维护国家主权、安全和发展利益，制定本法。"作为立法总目标和指导思想，并且贯穿本法的始终。

该法为推进数据要素市场化配置提供数据安全与发展的法律保障。数据安全等关键问题的解决有赖于明确的法律依据。《关于构建更加完善的要素市场化配置体制机制的意见》提出，加快培育数据要素市场要推进政府数据共享、提升社会数据资源价值、加强数据资源整合和安全保护。

该法为促进数据跨境安全、自由流动提供了制度环境。《数据安全法》第十一条"国家积极开展数据安全治理、数据开发利用等领域国际交流与合作，参与数据安全相关国际规则和标准的制定，促进数据跨境安全、自由流动。"数据跨境流通方面，大数据时代，在保障国家安全和个人、企业数据安全的前提下，允许不同主权间的数据跨境流通是未来的发展趋势。在国际方面，已有部分国家或地区对数据进行专门立法，比如欧盟的《通用数据保护条例》、英国的《数据保护法案》、德国的《联邦数据保护法》等，对世界范围内数据产业产生较大影响。随着我国在全球数字经济产业价值链的地位迅速提升，改革开放政策和"一带一路"倡议的持续深化推进，亟待确立数据跨境流通相关规则。

第九节 《中华人民共和国个人信息保护法》

一、出台背景

随着信息化与经济社会持续深度融合，网络已成为生产生活的新空间、经济发展的新引擎、交流合作的新纽带。截至2020年3月，我国

互联网用户已达 9 亿人，互联网网站超过 400 万个、应用程序数量超过 300 万个，个人信息的收集、使用更为广泛。虽然近年来我国个人信息保护力度不断加大，但在现实生活中，一些企业、机构甚至个人，从商业利益等出发，随意收集、违法获取、过度使用、非法买卖个人信息，利用个人信息侵扰人民群众生活安宁、危害人民群众生命健康和财产安全等问题仍十分突出。为及时回应广大人民群众的呼声和期待，特制定了一部个人信息保护方面的专门法律，即《个人信息保护法》。

二、内容解析

该法确立了以"告知-同意"为核心的个人信息处理规则，明确了个人信息处理者的合规管理和义务，要求其采取相应的安全技术措施，保护个人信息安全。该法全文涵盖了八章，七十四条的内容。分别为总则、个人信息处理规则、个人信息跨境提供的规则、个人在个人信息处理活动中的权利、个人信息处理者的义务、履行个人信息保护职责的部门、法律责任和附则。包含了立法者对人脸识别、人肉搜索、数据跨境传输、自动化决策、信息脱敏等热点问题的对策及解答。

该法注重分类监管，对个人信息跨境实施分类安全评估。该法对数据跨境实施按主体分类评估的办法，要求关键信息基础设施运营者和处理个人信息达到国家网信部门规定数量的个人信息处理者，需要个人信息跨境时，应通过国家网信部门组织的安全评估；对于其他主体的个人信息跨境，规定了经专业机构认证的途径。

该法聚焦突出问题，健全个人信息处理系列规则。该法确立了个人信息处理应遵循的原则，强调处理个人信息应当采用合法、正当的方式，具有明确、合理的目的，限于实现处理目的的最小范围，公开处理规则，保证信息准确，采取安全保护措施等，并将上述原则贯穿于个人信息处理的全过程、各环节。

该法落实保护责任，明确相关主体权利和义务。与民法典的有关规定相衔接，该法对个人信息处理活动中个人的各项权利进行了明确，包括知情权、决定权、查询权、更正权、删除权等，并要求个人信息处理者建立个人行使权利的申请受理和处理机制。

热　点　篇

第二十三章

新冠肺炎疫情冲击下的"互联网+"应用创新升级

来势汹汹的新冠肺炎疫情给人民群众日常生产生活带来巨大不便和影响，但同时也成就了在线教育、远程医疗、远程办公等互联网应用规模最大、范围最广、参与人数最多的一次应用体验。疫情冲击倒逼社会运转方式和群体行为模式发生深刻改变，激发了互联网应用创新的"蝶变"效应。

一、背景

疫情防控形势日益危急严峻，隔离和防护举措一刻不能松懈。与此同时，疫情影响下的经济社会生产、生活迅速恢复的需求压力也与日俱增。在此形势下，积极开展基于互联网的在线教育、远程医疗、远程办公等应用实践和模式创新，既是特殊时期产业界做出的主动应对，也是一次深入挖掘互联网商业价值和社会价值的重大机遇，对于提升我国互联网相关技术产品支撑保障能力、推动"互联网+"应用普惠升级、创新数字经济发展新路径具有重要意义。

二、主要内容

"刚需"催化在线教育模式进一步成熟普及。在互联网技术、移动互联网基础设施渐趋成熟、用户习惯向线上大规模迁移、付费意识觉醒的背景下，在线教育行业近年来持续升温。疫情之下，互联网在线教育产品和应用场景加速演进创新，成为"停课不停学"的重要支撑。在线

K12教培机构多维度打造互动教学场景。中国移动产业研究院围绕教学资源、资讯、应用、家校等功能模块，打造了包含名师直播课堂和教育错题本、高考王者、智慧校园等诸多教育产品，搭建了多终端线上教室平台、家校互动等诸多特色应用场景。传统课外培训向线上线下融合模式（OMO）演进。立思辰、科斯伍德、思考乐教育、精锐教育等传统教育机构凭借品牌、师资和管理优势加速线上转型融合，将线下学习的场景，诸如招生获客、教学排课、课堂学习、同学圈子、师生互动、成绩排名等环节向线上迁移。教育机构开放在线教学资源。新东方在线、学而思网校、跟谁学、网易有道、流利说等诸多在线教育机构为学生免费提供部分课程资源，推广在线教育模式，增强客户黏性。教育科技企业/互联网平台为在线教育提供技术赋能。鸿合科技、科大讯飞等教育科技公司，以及阿里巴巴、腾讯、快手等互联网平台向高校、中小学、培训机构提供免费技术支持，解决传统线下教育机构线上迁移面临的可视化教学资源制作工具不足、线上基础设施不完善、线上教研经验欠缺等问题。

互联网医疗成为疫情防控的"第二战场"。互联网医院三大模式并行助力远程医疗。疫情期间，实体医院的医疗资源线上服务模式、医联体共同线上融合服务模式、集聚医生资源的平台服务模式共同助力缓解实体医院压力，有助于疏解恐慌情绪，并具备规模化复制潜力。医保在线支付打通互联网医疗"任督二脉"。疫情当前，浙江省的经验值得关注。2020年2月8日，浙江省新冠肺炎疫情防控工作疫情发布会上提出，支持有需求、有条件的地方通过互联网医院给不便出行的慢性病患者开展在线复诊，由医保进行支付并通过第三方配送药品，以减少患者去医院的次数。5G与AI技术融合赋能疾病诊疗与防疫。百度研究院向各基因检测机构、防疫中心及全世界科学研究中心免费开放线性时间算法LinearFold及RNA结构预测网站，以提升新型冠状病毒RNA空间结构预测速度。阿里云向全球公共科研机构免费开放一切AI算力，以加速本次新型肺炎新药和疫苗的研发。

远程办公与超高清云视频应用乘势崛起。受新冠肺炎疫情影响，远程办公正加速成为常态化工作模式。华为云WeLink、阿里钉钉、腾讯会议、字节跳动飞书、Zoom等互联网巨头纷纷聚焦通用级应用市场，

从 to C 业务向 to B 业务迁移，协助应对疫情。超高清云视频会议助力高效沟通。中国电信基于 5G 双千兆+网络和超高清云视频技术，利用电信跨域连接、有线、无线实时接入的网络能力，并对云资源进行扩容，实现高清流畅的远程视频会议，保障疫情期间工作的实时部署。协同办公无缝承接远程办公需求。诸多底层基础架构公司、办公协作应用公司、通信类应用公司推出了系列远程办公产品和云端作业模式，助力企业及政府快速构建统一信息门户、个性化工作入口、员工移动应用，并通过提供工作协同、业务协同、跨组织协同、智能化协同等应用，推动提升疫情期间企业及政府的协同运营管理效率。

三、主要评价

面向突变型峰值需求场景的算力仍需加强。疫情期间远程办公、在线教育等领域的大带宽、多并发数连接考验，一方面对 IDC、光模块、交换机、服务器等流量基建带来挑战，另一方面也对信息基础设施与应用软件在突变型峰值期间的协同工作水平提出更高要求。受疫情影响，2020 年春节后超过 2 亿人在家办工，海量企业和组织早会全面开展，瞬时同时发起各类会议直播，导致诸多软件集体"崩溃"。2020 年 2 月 3 日，钉钉、企业微信、WeLink 接连瘫痪，故障时长约 2～3 小时。随后钉钉技术人员在阿里云上紧急扩容网络和计算资源，利用弹性计算资源编排服务部署云服务器，以缓解网络流量压力。针对网络流量洪峰下的算力节点调度、存储设备扩展故障排除、服务网络拥堵疏导等能力仍亟待加强。

内容的高质量生产能力和价值导航能力有待提升。本轮疫情对在线教育等领域产生了短期、集中式的需求推动，行业在短期内提高了用户认知，获得了大规模用户增长，但若要长期性转换和留存互联网用户，仍需要高质量的内容生产能力等环节作为基础支撑。当前内容生产生态仍存在两方面问题，一是主流价值导向问题，由于各大平台往往遵循唯流量论思维，对内容生产不具备价值导航的能力，算法分发所基于的浏览量、播放量等数据表现维度单一，难以全面把关互联网内容边界，导致疫情期间互联网社交、媒体平台谣言四起，权威信息、数据来源与假消息、假新闻鱼龙混杂，也给求奇求诡的"标题党"和"洗稿者"可乘

之机，从而损失平台用户黏性，不利于良性生态土壤的形成；二是围绕内容生产的工具、标准、维护等仍待提升，以在线教育领域为例，存在K12和高校必修基础、专业课在线授课维护服务不足、课件制作工具偏少、课件数据标准化欠缺等问题。

软件系统高负载稳定性和深度协同能力尚需补位。此次疫情暴露出诸多传统的远程软件系统仍停留在初级阶段，还面临稳定性和协同水平不足等问题。一方面，虽然许多国内厂商宣称产品基于分层、冗余、异步、分布式等高性能技术架构，以及深度学习、机器学习等AI技术，但在实际使用过程中，各类技术并未转换成稳定可靠的性能和用户的良好使用体验，长时间或超大负荷运行下易出现程序运行错误、系统崩溃等问题。另一方面，许多远程软件厂商还停留在堆砌功能的阶段，功能之间相互独立，成为小孤岛，功能深度协同的细节、深度和灵活性设计远远不够。

加强算力基础设施"抗压力"。依托现有超算IDC，支持企业形成一批数据中心智能化管理新系统新模式，强化数据中心的网络吞吐能力和高并发计算存储能力，提升峰值突变场景下算力的调配水平，以应对疫情期间在线教育、互联网医疗、远程办公等应用引发的网络流量洪峰挑战。

提升内容生产分发"导航力"。要解决在线教育等互联网内容的生产力与生产关系不协调的问题，首先应解决内容生产分发的价值导向问题，其次应解决内容生产工具供给不足的问题。深入把握在线教育内容创作者、平台与教育MCN中介机构等各利益角色关系，调节和改善在线教育等互联网内容产业中的矛盾，推动内容的生产和分发算法把握主流、正确的价值准绳。发展易用型在线课件制作工具、互动课件辅助工具等，夯实在线教育等互联网内容生产的底座。

深化远程软件应用"支撑力"。提高在线教育、互联网医疗、远程办公等应用软件稳定性和可靠性，开发轻量级的、适合家用的多人集群通信软件、音视频会议软件。加强应用软件功能协同性，实现不同系统和应用间的数据整合、流程整合、信息整合与管控整合。强化互联网医疗应急管理，建立软件接口通用化标准化的软硬件数据采集与联控系统，将疫情中使用的应急设施进行系统集成，形成联控联调之势，使日常管理与应急管控并存。

第二十四章

沃尔玛、亚马逊等零售巨头大量布局智能无人系统领域专利

沃尔玛、亚马逊等零售巨头在智能无人系统领域进行大量专利布局，致力于提高行业自动化水平保持竞争优势。智能无人系统的使用能有效提高生产效率，减低人工成本，给仓储、物流、应急安防等领域带来巨大变革。行业自动化、智能机器替换人的趋势不可逆转，我国企业应加强智能无人系统相关技术产品研发和专利部署，利用智能无人系统提高生产力。同时拓展智能无人系统的应用场景，加快零售业自动化步伐。

一、背景

沃尔玛、亚马逊等巨头面向智能无人系统领域部署百余项专利，致力于提升零售行业的自动化水平。据 CB Insights 数据，2014 年 1 月至 2019 年 6 月，亚马逊申请了无人机和机器人相关的专利 180 余项，沃尔玛申请了无人机和地面机器人相关的专利 65 余项，京东在无人机和机器人方面的专利数量为 4 个。无人机方面，亚马逊申请了无人机运输系统、无人机位置过滤器、机载无人机充电、交付无人机下降、按需指定交货地点、定位飞行器传感器、自动加载系统等相关专利，沃尔玛申请了无人机交互、无人机紧急着陆系统等安全可靠性相关专利。机器人方面，沃尔玛申请了自主机器人系统专利能自动按需补充库存，亚马逊申请了可实现的物品操作机器人、用于移动物品的移动机器人组等专利，京东申请了分类机器人、可移动机器人等专利。沃尔玛、亚马逊等

第二十四章　沃尔玛、亚马逊等零售巨头大量布局智能无人系统领域专利

巨头在智能无人领域的专利布局远高于其他电子商务企业，竞争优势明显。

无人交付系统是零售巨头专利布局中的重点方向。零售业的自动化水平决定了竞争力，无人交付系统是主要发展方向之一。交付系统主要分为三类。一类是空空传输系统-无人机与无人机之间的交付。沃尔玛申请了一项关于无人机"交付链"的专利，每架无人机都可与一个集中节点通信，来接收交付信息并识别该商品应传递给哪一个无人机。另一类是空陆传输系统-无人机与地面设备直接的交付。沃尔玛申请了一项关于无人机和地面自动导引车（AGV）之间的交接系统专利，无人机可将商品转移到自动引导车上，以增加包裹递送的方式。还有一类是无人传输系统-无人系统和人之间的交付。亚马逊获得了一项无人机运输系统专利，可通过无人机将客户订购的物品运送到指定的目的地，用于解决最后一公里的配送问题。

二、主要内容

智能无人系统的三大潜在应用领域：

智能无人仓储。可缩短货物处理时间，有效提高仓储管理效率。沃尔玛推出了 Alphabot 的机器人系统，在一个 2 万平方英尺的仓库内运作，通过人工与该系统的配合，每小时可完成 800 多种货物的挑选，挑选效率约为纯人工挑选效率的 10 倍。亚马逊正在研究用机器人进行货物扫描、分拣及装箱等货运仓库中难以实现自动化的环节，机器人每小时可完成 600~700 箱订单，是人工打包效率的 4~5 倍。货物挑拣装箱机器人约可淘汰 24 名员工，亚马逊 55 个物流中心或将减少 1300 多个工作岗位。京东推出了全流程无人仓，收货、存储、订单拣选、包装四个作业系统实现全程自动化。无人仓正式运营后日处理订单的能力将超过 20 万单，可以应对电商灵活多变的业务形态和长期持续的巨量订单。

智能物流机器人。可降低人工配送成本，解决最后一公里的配送问题。依托地图构建、路径规划、机器视觉、模式识别等先进技术的智能无人系统，可将客户订购的物品运送到指定的目的地。楼宇及室内配送机器人能满足城市用户日益增长的时间敏感交付需求，应用的场景包括各类居住地、大型商场、餐馆、宾馆、医院等。智能无人机/无人车具

有不受路况限制的优势，打通城市与偏远山区物流航线。京东的无人机能够深入到边远山区，让山区的用户也能体会到快捷、便利的物流服务。DHL 快递推出全自动智能无人机智能交付解决方案，可将距离 8 千米的单向交货时间从 40 分钟缩短至仅 8 分钟，每次交货可节省高达 80% 的成本，同时降低能耗。

应急安防机器人。可减少人员伤亡，大力提升人类对各类灾害及突发事件的应急处理能力。应急管理和安全防护的复杂程度大、危险系数高，各类适用于多样化任务和复杂性环境的专业机器人逐渐成为应急安防部门的重要选择。用于应急安防的机器人细分种类繁多，一般由移动机器人搭载专用的热力成像、物质检测、防爆应急等模块组合而成，包括安检防爆机器人、毒品监测机器人、抢险救灾机器人、警用防暴机器人等。在当前的新冠肺炎疫情下，智能机器人可有效辅助医务人员完成部分危险工作，减少医务人员不必要的交叉感染，缓解人力紧张情况。智能消毒、远程看护、清洁、送药送餐等机器人可用于隔离病房、ICU、发热门诊等场景中。

三、主要评价

加快智能无人系统技术产品研发和专利部署。沃尔玛、亚马逊等巨头在智能无人系统应用方面投资巨大，专利远超于其他零售商和电商。我国零售商、电商应加大智能无人系统相关的研发投入，融合 5G、人工智能、物联网等信息技术创新发展智能无人系统技术，掌握核心技术专利，布局前瞻专利，应用智能无人系统提高生产效率形成竞争优势。

加速拓展场景应用，加快零售业自动化步伐。随着人工智能技术的发展，智能无人系统替代人工的趋势加快，应加速拓展智能无人系统在新领域的应用，深化智能无人系统在传统领域的落地开花。智能无人系统的前期研发成本巨大，需要企业长期大幅投入，也需要政府加强引导和鼓励，开展应用示范推进智能无人系统在零售业等行业的应用，提升行业自动化水平。

第二十五章

欧盟"5G工具箱"发布

欧盟 NIS 合作小组于 2020 年 1 月 29 日发布了工作文件《5G 网络的网络安全：欧盟风险缓解措施工具箱》(Cybersecurity of 5G networks: EU Toolbox of risk mitigating measures，以下简称《5G 工具箱》)，作为欧盟范围内 5G 网络安全的指导原则。该文件针对 9 个风险场景，提出了 8 项战略原则、11 项技术原则和 10 项保障措施，通过其合理组合和有效实施形成针对欧盟内部成员国的通用措施。《5G 工具箱》增强了欧盟的内部一致性和竞争规范性，为我国企业进入欧盟市场提供了通用准则，并为对全球 5G 领域的技术、商业合作树立新典范。

一、背景

《5G 工具箱》是欧盟网络与信息系统（NIS）合作小组以协调一致方式推进 5G 网络安全的阶段性文件，该文件针对 5G 网络安全的相关风险，提出安全防护的战略原则、技术原则和保障措施。

二、主要内容

5G 建设中存在网络配置、供应链安全等风险挑战。5G 网络的边缘计算、分布式结构等技术特性增加了安全防御的应对难度，而网络建设对运营商、设备供应商的选择更加剧了安全漏洞的潜在后果。对此，《5G 工具箱》整理提出五类共九项战略风险场景，一是与安全措施不足有关，包括网络配置错误、缺少访问控制等风险。二是与 5G 供应链有关，包括设备质量不达标、供应商来源单一等风险。三是与威胁者作案手法有

关，包括外国通过 5G 供应链进行干预、个人或组织利用 5G 网络进行有组织犯罪等风险。四是与 5G 网络和其他关键系统的相互依赖有关，包括关键基础架构或服务的重大破坏、由于供电中断而导致的网络大规模故障等风险。五是与最终用户设备有关，包括利用物联网等智能设备攻击网络等风险。

战略层面遵循增强监管、分散风险的原则。《5G 工具箱》提出四类共八项战略原则以应对第三国干扰、供应商依赖等非技术漏洞的相关风险。一是在监管权领域，要求各国加强主管部门的作用，以及对运营商进行审核并获取技术、采购等必要信息。二是在第三方供应商领域，要求各国评估并限制高风险供应商进入，以及增强对托管服务供应商、设备供应商三线支持的控制。三是在供应商多元化领域，要求各国通过适当的多供应商策略确保各运营商的供应商多样性，以及加强各国的控制能力，维持国家层级的供应商平衡。四是在 5G 供应链和价值链的可持续性和多样性领域，要求在欧盟层级识别关键资产并培育多样化和可持续的 5G 生态系统，以及维持和建立未来网络技术的多样性并确保欧盟的相应能力。对我国产业而言，上述原则既有利于企业参与欧盟市场，又为行政干预企业发展留下政策后手，利弊兼具。

技术层面以提升 5G 网络和设备安全性为导向。《5G 工具箱》提出四类共十一项技术原则来强化技术、流程、人员和物理安全。一是网络安全的基准原则，包括确保基线安全要求（安全网络设计和体系结构）的应用，确保及评估现有 5G 标准中安全措施的实施等原则。二是网络安全的 5G 特定原则，包括严格控制网络访问、增强虚拟网络的安全、确保 5G 网络管理运营监控的安全、加强网络的物理安全，以及强化软件更新和补丁管理等原则。三是与供应商流程和设备相关的原则，包括通过可靠的采购条件提高供应商流程中的安全标准，使用针对 5G 网络组件、客户设备和供应商流程的欧盟认证标准，以及将欧盟认证用于其他非 5G 特定 ICT 产品和服务等。四是弹性和连续性原则，确保网络在灾害下的持续运行，并使用具有足够长期弹性的供应商。

保障层面在欧盟一级对实施计划进行协调。《5G 工具箱》提出六类共十项措施以保障相关战略原则和技术原则的实施，并强调在欧盟层级对优先次序、实施时间、措施进程等进行协调。一是针对网络安全，要求审查或制定有关网络安全的准则和最佳实践，以及加强国家和欧盟层级的测试和审核功能。二是针对标准化，要求切实推进5G标准化进程，制定在现有5G标准中实施安全措施的指南，以及通过特定的认证计划来确保技术标准和组织安全措施在欧盟范围内的应用。三是针对第三方供应商，要求欧盟内部交流相关战略措施的最佳实践经验，特别是评估特定国家的供应商风险状况。四是针对弹性和连续性，要求增强事件响应和危机管理之间的协调，以及增强5G网络与其他关键服务的相互依赖性审核。五是针对合作协同，要求增强欧盟内部的合作协调和信息共享机制。六是针对公共采购，要求由公共资金支持的5G部署项目确保实施网络安全风险评估。

三、主要评价

对欧盟内部增强了内部一致性和竞争规范性。《5G工具箱》促进形成欧盟内部一致的5G网络安全框架。《5G工具箱》确定了一套针对各成员国的通用措施，通过欧盟的政策和协调来支持整个内部市场的一致性，并充分发挥成员国在国家安全方面的能力，具有较强的可操作性。《5G工具箱》将促进欧洲以协调一致的方法解决与5G技术相关的安全挑战，特别是通过网络运营商的技术和组织的安全管理加速内部融合，从而对成员国内部和整个欧盟的信息和系统安全产生积极影响。《5G工具箱》促进欧洲内部5G技术创新和生态构建。在技术创新方面，《5G工具箱》将支持各成员国制定政策以促进欧洲科技公司的关键技术创新，并通过欧盟资助计划等创新研究来提升5G技术能力、加强软件开发和应用服务，从而维持欧盟在5G价值链中的技术主权。在生态构建方面，《5G工具箱》将推动整个联盟的知识、技术、资金和创新企业集聚来促进5G产业生态和创新生态发展，促进欧洲5G设备和应用服务的多元化，从而建设形成多样化且可持续的欧洲5G生态系统。

对我国企业提供了进入欧盟市场的通用准则。《5G工具箱》为我国企业参与欧洲5G网络建设提供准入资格。欧盟《5G工具箱》并未直接针对特定供应商或国家进行限制，而是以非歧视性措施来规范市场，为各国延续与我国电信企业的网络建设合作提供政策依据。《5G工具箱》将5G供应商的选择从国际政治领域拉回到商业领域，从法律角度保障

了我国企业参与欧洲 5G 非核心网络建设的入场资格。政策发布后，奥地利、德国等国均通过文件，不再禁止华为参加 5G 网络建设。

《5G 工具箱》依然为欧盟国家的市场行政干预留下政策后手。《5G 工具箱》的措施实施仍可能受到美对华战略的影响，未来可能针对高份额供应商、高风险供应商、非欧盟国家干预等方面实施行政管制。高份额供应商是指在单个运营商采购总额中超过一定份额的 5G 设备供应商，如英国以 35%作为阈值。根据英国 IHS Markit 统计，华为在 2018 年的欧洲基站市场中的份额占比超过 40%，因此一旦供应商多元化原则成为对运营商的强制要求，将对华为在欧洲的市场规模产生较大影响。高风险供应商是指由于多种原因在核心信息基础设施建设中不被当地政府充分信任的供应商。目前英国将华为列为高风险供应商，沃达丰公司在核心网络建设中将华为公司排除在外。这不仅将影响到未来克罗地亚、爱尔兰、葡萄牙等沃达丰服务国家的 5G 独立组网（SA）网络建设，还将因目前 5G 非独立组网（NSA）特点造成现有 4G 核心网设备的更换。非欧盟国家干预的情况一方面是指美国未来可能对我国企业的限制升级，会影响欧盟网络设备供应和软件更新，欧盟需对上述情况实时回应并予以调整，另一方面是出于政治偏见，暗指非欧盟国家可能对其进行信息数据采集进而威胁欧盟安全。

对全球合作树立技术、产业合作新典范。《5G 工具箱》将对技术、产业合作产生新引导。未来全球 5G 合作将是区域内协同基础上的有限性开放。各个国家和经济体将形成与本地价值观、技术标准、法律法规、基础设施相适配的技术生态圈，对内强化联合开发，提升技术产业一致性，对外则强调技术主权，减少对外部关键技术的依赖。同时在合作规则的制定方面，将采用非歧视性政策加预防措施的工具组合，以增大对供应链安全的操控空间。与美国的实体清单措施相比，欧盟《5G 工具箱》兼顾了 5G 网络的建设速度和安全性要求，对供应商提出相对客观的风险评价体系，对全球技术、产业合作的积极意义不容忽视。

第二十六章

美国发布《自动驾驶 4.0》

2020 年新年伊始,美国商务部在其官网发布了《确保美国自动驾驶领先地位:自动驾驶汽车 4.0》(以下简称《自动驾驶 4.0》)战略,该战略由美国白宫和交通部共同发起,整合 38 个联邦部门、独立机构、委员会及总统行政办公室,通过提供工作指导确保美国自动驾驶的领先地位。

一、背景

美国《自动驾驶 4.0》战略提出涵盖用户、市场及政府三方面的十大技术原则。美国政府充分肯定自动驾驶带来的潜在社会经济效益,包括提高交通出行安全性,提高公民的生活、交通及出行效率与质量,降低能源消耗,优化供应链管理等。为使自动驾驶潜在效益最大化,在《自动驾驶 3.0》基础上,《自动驾驶 4.0》进一步从三个层面明确了自动驾驶技术的十大原则。在保护用户与群体方面:一是安全优先;二是强调技术与网络安全;三是确保隐私与数据安全;四是强化机动性与可及性。在促进市场高效运行方面:一是保持技术中立性;二是保护美国的创新成果;三是法规现代化。在统筹协调方面:一是标准与政策统一化;二是联邦方针一致化;三是运输系统高效化。这十大原则将促进美国自动驾驶技术的研究、开发与整合,刺激美国经济的增长。

美国《自动驾驶 4.0》战略提供创新要素基础保障,推动多种技术融合创新。《自动驾驶 4.0》提出自动驾驶是先进制造、高速通信技术、先进计算技术、计算机视觉、先进传感器、机器学习及人工智能等技术

创新融合的结果，并将自动驾驶的开发工作列为各部门研究与开发预算优先事项，积极出台各类保障促进政策，为自动驾驶技术提供创新要素。在技术支持方面，美国联邦通信委员会（FCC）发布的《5G加速发展计划》中强调促进可用于支持V2V、V2X数据交换的高速通信技术研发是政府当前的首要任务。在人才保障方面，美国国家科学技术委员会（NSTC）在《美国STEM教育策略》中将科学、技术、工程、数学（STEM）及计算机科学等作为重点学科。

美国《自动驾驶4.0》战略明确联邦层面在自动驾驶汽车的领导地位。一是美国政府积极投资包括安全、基础研究、安全和网络安全、基础设施建设、频谱和车联网、经济和劳动力研究等在内的自动驾驶相关领域，促进创新成果转化。二是美国政府积极开展一系列监管、非监管活动，促进自动驾驶技术安全且充分地融入其地面运输系统中。具体包括：促进各级政府间的合作；推广自愿性共识标准和其他指南；明确监管机构；在税收、贸易和知识产权等方面提供相应支持与保障；规避自动驾驶对环境质量造成的负面影响；确保隐私与市场透明度。三是美国政府积极营造自动驾驶领域创新创业环境，包括打造联邦实验室，促进技术成果转化；美国中小企业管理局（SBA）借助一系列融资机制为小企业提供免费培训、咨询及管理资源；提供知识产权保护等。

二、主要内容

美国把握住汽车智能化发展趋势，在2012年就将自动驾驶上升至国家战略，并从法律、政策、产业等多个层面推动。美国交通运输部作为牵头组织部门，不断根据技术和产业需求调整其发展策略，着力解决突出矛盾问题，效果明显。2016年颁布《联邦自动驾驶汽车政策》，为自动驾驶安全部署提供政策监管框架，使得自动驾驶项目在美国全面展开；2017年发布《自动驾驶系统：安全愿景2.0》，为各州提供立法和管理建议，激发了各州发展自动驾驶的热情，一时间各州纷纷建设示范区、开放道路测试；针对近两年自动驾驶汽车多起安全事故引发的信任危机，在《自动驾驶4.0》中着重强调安全优先原则，以增强各界对自动驾驶技术安全性的信心。尽管我国也高度重视并大力推进自动驾驶/智能驾驶发展，包括出台相关政策文件、建设测试区/示范区等，但我

国智能驾驶/自动驾驶更多是与汽车、信息技术、车联网等产业规划绑定，作为其中重点领域。由于没有国家层面统一的顶层设计，各部门、各地方对自动驾驶技术、标准、法律法规研究和理解程度千差万别，在具体推进过程中思路不统一，规划、意见、标准分散，缺乏有效协调组织，难以形成合力。这也是近几年我国自动驾驶项目在各地遍地开花，但缺乏实质性成果的原因所在。随着我国汽车智能化与车联网的发展路径趋于一致，有望形成统一的自动驾驶顶层设计，改变当前各自为战局面。

美国充分利用了其在 IT 技术及人才等方面的优势，成为全球自动驾驶技术发源地，并带动全球自动驾驶蓬勃发展。美国率先在全球开展自动驾驶道路测试，先后制定 10 大自动驾驶封闭试验场，覆盖美国各种气候条件和地貌特征，同时还积极验证特定场景下自动驾驶典型应用。美国各州积极行动起来，从 2012 年内华达州率先正式批准自动驾驶车辆上路，到现在美国已经有超过一半的州允许自动驾驶汽车上路测试。从 2018 年开始，美国鼓励各州开展各种自动驾驶商业化运营试点，如 Lyft 正式获准在拉斯维加斯提供有安全员的 RoboTaxi 服务、Waymo 在亚利桑那州推出收费的自动驾驶叫车服务、Zoox 获准在加州为公共乘客提供自动驾驶服务等，迈出了从试验到商业化的关键一步。不管是封闭试验场、半开放/开放道路测试区，还是自动驾驶车辆商业化试点，我国自动驾驶发展基本上照搬美国的方式，但由于技术、政策研究相对不足，在推进过程中暴露出不少问题。法律层面上，尽管国家和相关省市制定出台了自动驾驶车辆道路测试相关规范和要求，但自动驾驶汽车道路测试与《道路交通安全法》等多部法律存在冲突，现有制度无法完全适用于自动驾驶情况下责任认定，现有交强险等制度无法覆盖自动驾驶汽车。地方层面，地方要求自动驾驶企业入场前需向各测试场、示范区进行测试审批，从目前看各地方的测试审批结果尚未互认，在一定程度造成企业入场难。测试场、示范区层面，我国先后在各省市建立了近 10 个封闭测试场、半开放测试区、开放测试区，但测试内容大同小异，针对本区域特殊环境的测试项目及特色道路和交通环境下的特定场景应用明显不足。各测试场、示范区为了保障测试安全性、可持续发展，收取较高的测试费用，对以初创为主的自动驾驶企业来说是一个很大的负担。

美国以国防先进研究项目局举办的三届无人驾驶挑战赛为契机，一大批自动驾驶初创企业在美国开始涌现。美国充分发挥企业市场主体作用，不断完善政策法规，制定相关标准，积极构建以自动驾驶企业为核心的产业生态。通过多年的发展，美国培育出 Waymo、Cruise、Aurora、Argo AI、Uber 等知名企业，在线控、芯片、激光雷达、操作系统、人工智能等关键技术及自动驾驶解决方案方面竞争优势明显，IT 公司和车企深度合作，应用场景不断丰富，以自动驾驶为核心的产业生态初步形成。近几年我国各种自动驾驶汽车比赛层出不穷，涌现了百度、小马智行、文远知行、图森未来等自动驾驶解决方案提供商和以地平线、禾多科技、四维图新等为代表的供应商，但在技术创新、生态建设、应用场景融合等方面与美国存在明显差距。技术创新方面，基于我国交通环境的自动驾驶解决方案尚未成型，自动驾驶所需的计算芯片、激光雷达等关键产品依赖进口，初创企业数量不多，以点状突破为主。生态建设方面，政策法规亟待完善，关键标准供给不足，自动驾驶提供商与供应商缺乏深度合作，国内车企参与意愿不强。应用场景方面，主要以提供 RoboTaxi 服务为主，兼顾港区货柜运输应用，场景和项目优先，基于我国大量需求的公交、矿区、物流等场景需求探索不足。

三、主要评价

实现自动驾驶的关键在于打造集感知、计算、决策、通信、控制为一体的汽车智能计算平台。随着自动驾驶技术逐渐成熟落地，亟须从国家层面进行顶层设计，明确战略定位，制定出台加快汽车智能计算平台发展的政策文件，指明下一阶段自动驾驶的技术方向和发展重点，突破感知、计算、网络、通信四大领域瓶颈技术和关键产品，在确保安全的情况下，不断完善自动驾驶解决方案。

以典型场景应用为突破口，积极探索新型商业模式。针对我国道路情况复杂、潜在应用场景丰富的情况，坚持安全优先、应用牵引的原则，重点选择机场、港口、矿区、工业园区和旅游景区等相对封闭区域，鼓励有序开展摆渡车、集装箱运输车、重载卡车、接驳车等各类自动驾驶车辆示范应用。充分调动各示范区的积极性，围绕出租、公交、物流运输等典型应用场景，适当开展限定道路、开放道路的推广运营。通过市

场应用加速自动驾驶技术迭代创新，走出一条中国特色的自动驾驶发展道路。

以公共政策资源为立足点，加快优化产业发展环境。充分用好国家制造强国建设领导小组车联网产业发展专委会这一机制，协调解决制约自动驾驶发展的瓶颈问题，创造良好发展环境。推动形成具有我国特色的自动驾驶标准体系，着力开展汽车智能计算平台相关标准研制；研究制定测试、评价规范，搭建公共服务平台，不断增强对自动驾驶技术的评价能力；加快道路运输、车辆保险等相关法律法规修订工作，为自动驾驶技术应用和自动驾驶汽车上路创造条件。

第二十七章

量子互联网将成为中美科技竞争又一重要战场

当前,美国量子互联网已从小规模实验转向全国性量子互联网设施建设阶段,其 2020 年 7 月发布的《量子互联网发展战略蓝图》提出了具体发展路线,并明确核心目标是在未来十年建成全球第一个全国性量子互联网。赛迪智库电子所认为,量子互联网具备几乎牢不可破的隐私和安全性,有望在银行、医疗服务、国家安全及飞机通信等重要领域发挥巨大作用,已成为多国科技发展的重点。随着相关技术的不断成熟,建设量子互联网的重要性凸显,中美两国作为该领域的"领头羊"将开启又一轮科技竞赛。

一、量子互联网已成为重要的战略基础设施

量子互联网有望从根本上改变通信传输规则。量子互联网是指对量子信息进行传递、处理和存储的网络,主要特点是利用"量子不可克隆、不可分割"的特性,通过"量子密钥分发"方法,对信息进行一次一密的严格加密,保证通信获得几乎牢不可破的隐私和安全。完整的量子互联网包括量子计算、量子传感、测量等各类功能,由传感网(多个量子传感器通过网络互联,如分布式量子钟、量子望远镜、量子图像识别等)、可扩展量子计算(多个小型量子计算机通过网络互联)及量子保密通信(包括 QKD、量子盲计算等)等组成。与现有互联网相比,由于运算、存储和传送规则的不同,量子互联网的整体网络架构、网络协议、设备单元、中继和终端等也会有根本性的变革,有望构建一个几乎无法破解

的高速网络,改变现有的通信传输体系。

美国发力量子互联网,已从小规模实验转向全国性量子互联网设施建设。《量子互联网发展战略蓝图》明确提出在未来十年建立全球首个全国性量子互联网。在具体措施上,制定了全国性的合作机制及明确的技术路线图。一方面,美国将在政产学研形成密切协调机制。包括能源部、国家科学基金委、国防部、国家标准与技术研究所、国家安全局、NASA 等联邦机构,以及国家实验室、学术研究所和工业界等将共同参与到网络建设之中。另一方面,明确了具体的推进路线。未来十年,美国将以能源部下属的 17 个国家实验室为载体,重点突破四大方向和五大关键目标。美国《量子互联网发展战略蓝图》重点方向及目标见表 27-1。

表 27-1 美国《量子互联网发展战略蓝图》重点方向及目标

类 别	主 要 内 容
四大重点方向	量子互联网的关键构建模块及需要满足的性能参数是什么
	如何将多个量子网络设备集成到高性能量子互联网组件中
	为量子纠缠找到实现信号重复、交换和路由的解决方案
	实现量子网络容错
五大关键目标	在现有光纤网络上验证安全量子协议
	跨越实验室或城市发送量子纠缠信息
	实现城市间的量子网络连接
	实现州与州间的量子网络连接
	建立多机构生态系统,推动量子互联网成为基础设施

资料来源:赛迪智库整理,2020 年 8 月

各国将量子互联网作为产业竞争力和安全保障的重要战略基础设施。近年来,欧盟、日本、印度、俄罗斯等国也积极部署量子互联网相关的科研和应用,抢抓发展机遇。欧盟率先组建了量子互联网联盟,于 2018 年启动欧洲量子技术旗舰计划,从网络协议、标准制定、安全认证等方面开展研究,推动量子互联网建设。日本于 2019 年大幅增加了量子技术相关预算,计划在 5 年时间里设置 5 处以上核心研发基地,力

争在10年内打造超过10家初创企业。印度将在未来5年投资800亿卢比（约合人民币78亿元）用于量子技术的研发及利用，在4~5年的时间内建造一台国产50Qubit量子计算机。俄罗斯于2017年启动量子计划，将投资约50亿元人民币专项资金用于支持俄罗斯量子中心开展量子通信研究，并将在2021年启动量子互联网平台试验区。

二、中美量子互联网竞争态势分析

政策支持方面，美国注重统筹协调，中国更多以部门自主发展。中美两国都高度重视量子信息技术，积极开展布局。美国方面，2016年以来美国发布了《推进量子信息科学：国家的挑战与机遇》、设立量子信息科学小组委员会、通过《国家量子计划法案》、成立白宫国家量子协调办公室及"国家量子计划咨询委员会"等，不断提升量子信息技术的战略地位。中国方面，自"十三五"开始重视程度显著提升，《中华人民共和国国民经济和社会发展第十三个五年规划纲要》《"十三五"国家创新科技规划》等文件积极推动量子信息技术创新发展，科技部通过重点研发计划、战略先导专项等给予支持，国家发展改革委支持建设量子信息技术重大示范项目。可以看到，美国在推动量子信息技术发展时尤为注重顶层设计，最高决策机构（白宫）成立协调办公室和咨询委员会，并不断更新路线图，明确发展目标。尽管我国非常重视量子信息技术发展并给予了大力支持，但尚未上升至国家战略高度，各部门自主发展，相互之间缺乏有效统筹协调。

研发布局方面，美国注重量子计算，中国更突出量子通信。中美两国投入了大量资源加大量子信息技术研发支持力度，但各有侧重。美国方面，《国家量子计划法案》计划增加约13亿美元的经费以支持量子信息技术研发，而承担研发的主要政府机构就包括能源部（DOE）、美国国家科学基金会（NSF）和美国国家标准与技术化研究院（NIST），此外美国陆军研究实验室也设置了量子信息技术研发项目。从具体项目设置情况看，尽管量子通信、量子测量也有涉及，但美更突出量子计算。如2018年NSF宣布拨款1500万美元支持首个实用型量子计算机项目；2018年10月DOE宣布将拨款2.18亿美元资助85个研究项目，其中量子计算方面项目数量接近一半；2020年7月，白宫科学技术政策办公

室和 NSF 宣布投资 7500 万美元在全国建立三个量子计算中心。中国方面，以科技部、国家自然科学基金委、中科院、发展改革委等部门持续对量子信息技术进行支持，其中量子通信是重点支持方向。如 2001 年 "973" 计划就设置了首个量子方面课题"量子通信和量子信息技术"，2010 年 "863" 计划就设置了"光纤量子通信综合应用演示网络"，2013 年国家发展改革委批复立项量子保密通信"京沪干线"技术验证及应用示范项目，2016 年"墨子号"量子通信卫星升空。在量子通信方面的持续投入，让我国在量子保密通信领域创造了一个又一个的记录，研究水平世界领先。

产业化推进方面，美国围绕核心软硬件跑马圈地，中国则长于推动应用发展。两国参与量子信息技术研发的主体差异明显，目标导向不同，美国量子信息技术产业化步伐明显快于我国。美国方面，IBM、谷歌、微软、英特尔等 IT 巨头纷纷围绕核心芯片、基础软件构建竞争优势，量子芯片和量子计算机原型机产品快速迭代进步，多条技术路线均有布局，带动创新型企业发展形成良好格局，产业化步伐加快。如 2017 年 IBM 首次通过 5 量子比特量子计算机展示了 4 量子体积，2018 年其 20 量子比特的量子计算机获得了 8 量子体积，2019 年发布的 20 量子比特量子计算机 Q System One 获得了 16 量子体积，2020 年运行 28 量子比特量子计算机 Raleh 获得了 32 量子体积。谷歌更是在 2019 年宣布实现"量子霸权"。不仅如此，IBM、微软、谷歌等还推出了量子计算云服务，并在航空、金融、交通等领域实现了应用。中国方面，我研发主体主要是科研院所，更多是以技术研究为导向，而不是以产业化、市场化为导向，这使得中国量子信息技术产业化进程远远落后于美国。仅在量子保密通信应用方面取得一定领先优势，主要是前期研究基础较好加上"京沪干线"示范项目带动。此外，华为、百度、阿里巴巴、腾讯等近几年纷纷进入量子计算领域，也推出量子计算云服务平台。

企业投入方面，美国以 IT 巨头为引领，中国则以初创企业为主。在龙头企业带动下，美国已经在量子信息技术领域构建出较为良好的企业生态体系，而中国从事量子信息技术的企业数量明显偏少，企业实力更是大大不如。美国方面，IBM、英特尔、谷歌等行业巨头持续多年在量子信息技术领域投入，着力开展核心芯片、算法软件以及量子计算机

系统研发，带动相当一批初创企业发展，如 D-Wave、IonQ、Rigetti 等纷纷开发出相当有竞争力的量子芯片和算法软件并获得金额不菲的融资支持，大中小企业齐头并进的良好局面初步形成，为产业化加速发展奠定了良好基础。中国方面，目前我国专门从事量子芯片、量子软件等基础软硬件开发的企业仅有本源量子一家，国盾量子、国科量子等企业主要从事量子保密通信设备及服务，这些初创企业基本来源于中国科技大学，营业收入较少且单一，技术实力和投入力度都很有限，存在感低。而腾讯、阿里巴巴、百度等大企业更多还是在炒概念，核心软硬件方面基本没有研发基础，主要精力集中于研究量子计算应用开发，投入力度不大。这就使得我国量子信息技术缺乏强有力的市场主体支撑，发展速度大大落后于美国。

三、启示

强化顶层设计，加快建设国内网络。在国家层面成立量子信息技术工作协调机制，全面加强各部门之间统筹协调。组建量子信息技术专家咨询委员会，研究制定我国量子信息技术发展战略，明确未来 15 年我国量子信息技术发展方向、战略布局和重点任务，制定时间表、路线图，推动量子计算、量子通信、量子测量等领域协同发展。积极开展量子计算、量子保密通信、量子测量等示范项目，加快国内量子互联网建设步伐，鼓励有条件的地方先建先试，待条件基本成熟后再迅速铺开全国。

聚焦核心技术，明确发展重点方向。一方面，做好构架重大专项、重点研发计划的接续工作，加大对量子信息新型协议、新型器件等领域的支持力度，加强小型化、专用芯片及城际通信距离等方面的技术突破。另一方面，加快产业化推进，聚焦量子测量、保密通信等专用芯片，积极推动将创新成果转化为成熟产品推向市场。

构建合作机制，形成合力推动发展。推动成立量子互联网行业联盟，加强量子互联网基础软硬件的研发，开展行业标准制定工作，积极打造示范，避免量子信息技术发展路线被国外锁定。统筹部委、事业单位、央企所属国家实验室、研究所，形成合力加快量子互联网建设。

第二十八章

从 CES 看全球智能网联汽车发展趋势

在 CES 2020 中，激光雷达、智能座舱、未来出行服务等智能网联汽车相关的新技术、新产品再次成为瞩目的焦点。赛迪智库电子信息研究所认为，智能网联汽车发展呈现出三大趋势：多传感器融合加速驱动 L4/L5 级自动驾驶升级；个性化、体验型智能座舱设计成为创新热点；传统供应链解耦，以智能计算平台为核心的产业生态正在构建。为此，建议密切跟踪把握智能网联汽车技术产品发展趋势，强化信息技术企业在智能网联汽车产业生态中的积极作用。

一、三大领域引领产业创新

随着自动驾驶向 L4/L5 级别推进，激光雷达成为热点研发领域。全球 30 多家激光雷达公司悉数亮相 CES。CES 2020 激光雷达领域主要产品见表 28-1。Velodyne 发布历史最小新型激光雷达 Velabit，只有火柴盒大小的微型固态激光雷达不但可以嵌在汽车的任何位置，还可以装在机器人、无人机以及各种交通基础设施上，预计于 2020 年中期完成交付。以大疆为代表的硬件厂商以及以博世、法雷奥等为代表的 Tier 1 厂商亦纷纷布局适用于 L4/L5 级自动驾驶的车规级激光雷达。众多初创企业不断涌入激光雷达领域。一径科技发布包括长距、中短距和盲区探测的 MEMS 激光雷达全套解决方案。Aeva 展出了最新的 4D 激光雷达集成芯片系统。Blickfeld 推出基于 MEMS 的 3D 固态激光雷达 Cube Range，可以在黑暗、大雾或者强光下完成精确探测。Innovusion 发布其最先进激光雷达系统"猎鹰（Falcon），并宣称其配备的感知软件可让该系统

的感知能力超越人眼。

表 28-1　CES 2020 激光雷达领域主要产品

企　业	技术/产品	性　能　指　标	价格（美元）
Velodyne	Velabit	外形尺寸为 60.9mm×60.9mm×35mm，探测距离 100m，水平视角 60°，垂直视角 10°	100
速腾创聚	RS-LiDAR-M1	集成 AI 感知算法和 SoC 芯片，可实现 L3～L5 级自动驾驶与 ASIL-D 等级的安全性	1898
大疆	Horizon	探测距离可达 260m，水平视场为 81.7°，可以覆盖 10m 外的 4 条车道，当积分时间为 0.1s 时，等效于 64 线激光雷达	800
大疆	Tele-15	专为远距离探测而设计，当积分时间为 0.1s 时，超过目前市场上销售的 128 线机械激光雷达	1200
博世	车规级长距离激光雷达	同时覆盖长距离和短距离，并适用于高速公路和城市道路的自动驾驶场景	产品售价将会低于市面上其他的激光雷达
先锋	2020 型激光雷达	能够在高时空分辨率下进行探测，并提供三种测量距离的型号	—
一径科技	MEMS 固态激光雷达	物体反射率为 10% 时探测距离为 200m，水平分辨率为 0.1°，垂直分辨率为 0.1°，视场角为 60°×20°（可扩展），分辨率为 200 线	—
LeddarTech	固态激光雷达	水平视角达 180°，实现了车辆周围无任何死区或盲点的卓越探测可靠性，采用 3D 闪存固态设计，无活动部件，拥有卓越的耐用性，配备了 IP67 防水外壳，并带有抗冲击窗和汽车级连接器	—
Avea	4D 激光雷达芯片系统	4D 激光雷达芯片系统可以测量 300m 以外的物体的每一点的瞬时速度	500

续表

企　　业	技术/产品	性　能　指　标	价格（美元）
Blickfeld	Cube Range	当物体反射率为10%时，探测范围为150m，如果反射率高一些，它可以实现250m的探测范围	—
Cepton Technologies	Helius	可提供对象尺寸、位置和速度的厘米级精确3D感测，而不受光照条件的影响，并可从多个传感器收集和处理数据，在整个传感器覆盖区域内对对象进行无缝跟踪	—
Innovusion	猎鹰（Falcon）	采集速度达10~30帧/s，水平和垂直分辨率均为0.07°，水平视角为110°，垂直视角30°	500~1000
镭神智能	LS20D	垂直角度分辨率最大为0.1°，等效于200线机械式激光雷达的扫描效果，水平视场角有60°，刷新帧率最高可达25帧/s	868
镭神智能	LS20E	垂直角度分辨率最大仅为0.05°，扫描效果将等效于400线机械式激光雷达，且探测距离可达500m	888
镭神智能	LS20B	水平视角120°、垂直视角20°的宽广视域，等效于200线机械式激光雷达的扫描效果，刷新帧率达25帧/s	999

数据来源：赛迪智库整理，2020年1月

更具自然交互体验、更为个性化的智能座舱在本届CES中大放异彩。CES 2020智能座舱领域主要产品见表28-2。显示屏方面，康宁在展会上展示利用冷弯技术打造的高性能大猩猩玻璃AutoGrade首次在广汽Aion LX上应用。大陆集团首次将3D光场显示技术作为人机交互的关键元素应用于驾驶舱中控台，所有车内乘客无须佩戴特殊眼镜或头戴跟踪摄像头即可享受到3D体验。博世发布透明液晶显示屏并应用于虚拟遮阳板上，该产品通过调暗光源射入驾驶员眼睛路径的相应部分玻璃，完美解决了刺眼阳光和遮挡视线的矛盾。人车交互方面，宝马发布自然交互概念座舱，可提供多模式交互、视线追踪系统、全景平视显示系统、5G 和云技术。法雷奥 Smart Cocoon 4.0 通过雷达收集不同位置乘客呼吸时的细微变化，对比生成乘客的体型、心率、温度、情绪等状态，对每位乘客的实际需求提供个性化服务。佛吉亚发布了包含先进的前排座椅运动学、可调节头枕、座椅或显示器的车载摄像头、直观的人机界面和可调节的环境照明、声音和屏幕动画等在内的一系列智能座舱产品。大陆集团与音响专家森海塞尔联合推出车载无音箱音响系统，其质量及空间占用减少 90%。

表 28-2　CES 2020 智能座舱领域主要产品

企　业	技术/产品	产品简介
三星	Digital Cockpit 2020 数字座舱	三星电子与哈曼合作，将三星的电信技术、电子技术和显示器与哈曼的汽车专业知识相结合，利用 5G 网络连接车辆，并为驾乘者提供人车一体式的互联体验
宝马	人机交互概念座舱	宝马将这款座舱打造成了可沉浸式体验的私享空间，功能实现的核心是位于座位正前方的超大全景平视显示系统，可针对不同的场景需求变换成"探索"(Explore)、"娱乐"(Entertain)和"悦享"(Ease)三种车内环境模式
大陆集团	车载无音箱音响系统	该系统由森海塞尔的专利 AMBEO 3D 音频技术与大陆集团的 Ac2ated Sound 音响系统整合到一起，摒弃了传统的音箱技术，利用车内表面的振动来发出声音
康宁	曲面玻璃	Aion LX 内饰曲面玻璃采用了康宁专利冷弯技术，为消费者带来智能手机般的灵敏触控。Aion LX 搭载的 ADiGo 空间内的曲面双联屏模组是具备了防眩光和装饰性盖板玻璃技术的大尺寸内饰显示系统
博世	虚拟遮阳板	该产品通过连接车内监控摄像头监测驾驶员的视线位置，并运用智能算法分析位置信息，以及根据阳光或其他光源透过挡风玻璃射入驾驶员眼睛的路径，调暗显示屏上的相应部分，其余部分将继续保持透明，避免妨碍驾驶员观察路况

续表

企　　业	技术/产品	产品简介
博世	车载 3D 显示屏	全新的 3D 显示屏运用被动式 3D 技术生成逼真的三维效果和警报信号。与传统显示屏相比，3D 显示屏能帮助驾驶员更快抓取视觉信息并减少注意力分散
索尼	车载娱乐系统	索尼将娱乐技术植入 Vision S 内部。在车内，索尼布置了 360 Reality Audio（品玩过去详细介绍过这个技术）和一个超大的中控屏幕

数据来源：赛迪智库整理，2020 年 1 月

企业跨界联合瞄准增值服务，描绘未来出行蓝图。CES 2020 增值服务领域主要产品见表 28-3。出行服务方面，AutoX 联手 FCA 采用菲亚特克莱斯勒的大捷龙车型，结合自主独立研发的 L4 级车载域控制器技术，打造可真正无人的 Robotaxi。现代推出私人飞行器（Personal Air Vehicle，PAV）、个性化定制出行（Purpose Built Vehicle，PBV）、集交通运输和社区活动于一体的中央枢纽（Hub）三种移动出行解决方案。其中 PAV 带有一对机翼和四个螺旋桨，致力于解决未来大城市的拥堵和公共设施的紧张状况。PBV 用高度个性化的定制服务来满足人们不同生活方式的需求，不仅可以充当城市通勤车，还可以化身为餐厅、咖啡店、酒店，甚至是诊所或药房。Hub 顶部有一个用于 PAV 的停机坪，地面上有多个 PBV 对接站，可以实现无缝连接。物流服务方面，法雷奥与美团合作开发电动无人配送原型车 eDeliver4U，设计时速 25km/h，最高可达 50km/h，续航里程约为 100 千米，每次行程最多可配送 17 份外卖餐食。福特发布了一款基于新款 Transit Connect Wagon 打造的 L4 级自动驾驶概念原型车，并配备了一个名为"Digit"的机器人，用于物流配送领域，目前已经和沃尔玛、达美乐比萨等多个商家达成合作，未来将把拥有自动驾驶功能的车型投入物流行业。

表 28-3　CES 2020 增值服务领域主要产品

企　　业	技术/产品	产品简介
法雷奥、美团	无人配送原型车 eDeliver4U	eDeliver4U 车长 2.80m、宽 1.20m、高 1.70m，每次行程最多可配送 17 份外卖餐食，设计时速 25km/h，最高可达 50km/h，续航里程约为 100 千米
福特	无人驾驶物流服务	基于新款 Transit Connect Wagon 打造的 L4 级自动驾驶概念原型车，并配备了一个名为"Digit"的机器人，用于解决快递运送的"最后一公里"问题
AutoX、FCA	Robotaxi	AutoX 联手 FCA 采用菲亚特克莱斯勒的大捷龙车型，结合自主独立研发的 L4 级车载域控制器技术，打造可真正无人的 Robotaxi
现代	私人飞行器（Personal Air Vehicle，PAV）	PAV 带有一对机翼和四个螺旋桨，主要致力于解决未来大城市的拥堵和公共设施的紧张状况。现代汽车希望利用空中的机动性，大大减少运输时间，并通过结合车辆空气动力学和车内座舱设计，为乘客带来舒适、安全的驾乘环境
	个性化定制出行（Purpose Built Vehicle，PBV）	PBV 可以在运输过程中提供各种功能，包括"变身"餐厅、诊所等。此外它还可以利用人工智能（AI）技术，为个人定制出最佳的路线和旅程
	集交通运输和社区活动于一体的中央枢纽（Hub）	Hub 是连接空中 PAV 和地面 PBV 的新移动空间，可以将人与人联系起来并创建新的创新社区的枢纽，可以理解为未来智慧集中中心，进行集中充电

数据来源：赛迪智库整理，2020 年 1 月

二、CES 昭显未来智能网联汽车三大发展趋势

多传感器融合成为实现 L4/L5 级自动驾驶的核心驱动力。相较于以往自动驾驶发展进程，目前自动驾驶高速发展的脚步正逐渐减慢，业界清醒地认识到，没有激光雷达很难保证 L4/L5 级别自动驾驶的安全，而 CES 2020 上激光雷达新技术、新产品的大量涌现，将进一步助推高级别自动驾驶的落地。一方面，汽车智能化程度与传感器数量成正比。L5 级无人驾驶车辆中的传感器数目可达 32 个。短期内传感器市场的需求

主要为摄像头和毫米波雷达,未来单一种类传感器无法胜任 L4 及 L5 完全自动驾驶的复杂情况与安全冗余,以激光雷达、毫米波雷达等为核心的多传感器融合成为必然趋势。另一方面,激光雷达作为曾经动辄几十万元的"奢侈品",其价格战已然打响。厂商通过积极推进激光雷达在 2020 年规模化量产,直接降低激光雷达成本。本次 CES 上展出的激光雷达均低至百美元。其中,激光雷达鼻祖 Velodyne 发布的 Velabit 激光雷达价格仅为 100 美元,让人们看到了激光雷达车规化、量产化的希望。

以智能座舱为切入点提升用户体验成为企业制胜的关键点。一方面,"一芯多屏"成为 CES 上的热点展品。车载显示屏从单一、小型的平面矩形屏逐步向多个、大型曲面屏转变。传统分离式的座舱集成,多个座舱系统之间如"孤岛"一般相互独立导致通信成本高。一芯多屏的智能座舱解决方案通信成本低、时延短,可更好地支持多屏联动、多屏驾驶等复杂电子座舱功能。另一方面,从本届 CES 各大企业的动向分析,车企在追求炫酷科技带来的震撼感、科幻感的同时,开始围绕改善用户体验密集发力,更加强调用户的便捷度、舒适感、娱乐性,从消费者观感体验及心理体验出发进行产品开发和服务设计,更加增进用户黏性。未来随着无人驾驶技术的成熟及出行方式的革命性变革,消费者对于汽车的认知逐渐从"单一的交通工具"向"移动空间"转变,而智能座舱则是实现空间塑造的核心载体。如何根据用户的个性化需求,为乘客提供专属出行方案成为产业应用落地的主攻方向。

传统供应链解耦,以智能计算平台为核心的产业生态正在全向度构建。本届 CES 中,索尼、大疆等新的参与者崛起,科技巨头成为汽车产业"新势力",并基于自身在系统集成、算法研发等方面的突出能力布局智能座舱、关键零部件及信息娱乐操作系统。高通、地平线等芯片企业推出可满足高级别自动驾驶运营车队及无人低速小车的感知计算需求的智能计算平台。博世、大陆等传统汽车电子厂商在新的供应链关系中寻求平衡与突破,逐渐将业务范围从核心硬件延伸至操作系统软件,以及开展特定应用及其他服务或媒体内容。随着 5G 商用的深入,车联网在汽车电子行业逐渐渗透,CES 展会上腾讯车联发布 TAI3.0 生态车联网,以腾讯等为代表的互联网企业利用自身的生态构建力,连接产业链上下游的不同角色，有望促进科技巨头与传统汽车电子企业加快技术研发进度，分担研发成本，进一步深化合作融合。

三、对策建议

敏锐洞察 CES 展现出的技术趋势，加强技术产品研发跟踪。开展由研究机构、行业协会、产业链企业共同参与的技术产品趋势联合研判，加强新技术跟踪、核心技术开发、关键技术改进，不断提高原始创新能力和产品定义能力。

强化信息技术企业在智能网联汽车产业生态中的积极作用。借鉴国外经验和做法，打通"整车制造+汽车电子+计算平台+人工智能+应用场景"全产业链条，依托行业组织和公共服务平台等构建以智能计算平台为核心的全维度、多梯次产业竞争合作格局。

第二十九章

警惕中美战略博弈激化导致的断网风险

当前在全球贸易疲弱、经济下行压力持续的背景下,中美摩擦将从经贸领域逐渐扩散至更多领域,断网或将成为极限情况下美国以小博大的非常规手段。面对愈加严峻的网络形势,需敏锐感知潜在威胁与可能发生的极端情况,理性研判美对我断网的可能方式,预判断网对我国的潜在影响,提出应对手段。

一、美对我断网的三种可能方式分析

方式一:通过黑客手段发动网络战。在中美贸易摩擦持续升温的大背景下,美国有可能以"国家安全"为借口,利用国安、司法等力量对我域名服务系统实施网络攻击,中断互联网寻址逻辑,导致被攻击国家网络连接中断。为此,美国政府已经做了全方位的准备。战略准备方面,2014年美国防部发布《四年防务评估报告》,提出扩展网络作战部队至133个。同年,美发布《网络空间联合作战条令》,完成了发动网络战的最后准备。2018年美出台《2018国防部网络战略》《国家网络战略》提出建立更具杀伤力的网络力量。作战情报方面,2015年,美成立网络威胁情报整合中心,及时掌握大量网络空间动态情报,辅助网络战决策。作战通道方面,从设置"棱镜门"到入侵全球最大SIM卡制造商盗取密钥,美国留下了无数发动网络攻击的便捷通道。实践演练方面,从伊朗的"震网病毒"到朝鲜"断网",美国走出了网络攻击的实质性一步。此方式对我国计民生的负面影响不亚于任何军事或政治力量。我国网络安全将遭到严重威胁,甚至面临网络瘫痪、工业基础设施无法正常运转、经济损失严重等挑战。

方式二：单方面切断根域名服务器。在现有的互联网体系结构之下，网址须由域名解析服务器翻译成网络地址，才可建立连接，实现访问。而全球互联网关键资源由美国掌控，13台域名根服务器中有9台部署在美国，还有一台是唯一的主根服务器。我国虽已部署10个镜像服务器，但数量十分有限，不足全球镜像总数的10%，且仅具有解析功能，没有对域名内容的更改权限。理论上讲，美国有能力单方面切断对别国的域名解析服务，被攻击国仅可依托他国网络或镜像服务器迂回实现与根服务器的连接。此方式会导致我国对.com、.org、.edu等顶级域名的使用受限，部分境外网站访问速度大幅下降。此外，科研软件、工业软件、操作系统等美版软件服务也无法继续更新升级。

各根域名服务器运营机构概览见表29-1。

表29-1　各根域名服务器运营机构概览

根	所在国家	机 构 名 称	机 构 性 质	我国镜像数量
A	美国	威瑞信公司（VeriSign）	公司	0
B	美国	南加州大学信息科学研究所（ISI）	大学	0
C	美国	Cogent Communications 公司	公司	0
D	美国	马里兰大学	大学	0
E	美国	美国航天航空管理局（NASA）	科研机构	0
F	美国	互联网系统联盟（ISC）	公司	2
G	美国	美国国防部国防信息系统局	军事	0
H	美国	美国国防部陆军研究所	军事	0
I	瑞典	瑞典 Netnod 公司	公司	1
J	美国	威瑞信公司（VeriSign）	公司	4
K	荷兰	RIPE 网络协调中心（RIPE NCC）	非营利组织	0
L	美国	互联网名称与数字地址分配机构（ICANN）	互联网资源管理机构	3
M	日本	WIDE Project	科研机构	0

数据来源：中国互联网络信息中心，赛迪智库整理，2020年8月

我国根域名服务器镜像服务引入情况见表 29-2。

表 29-2 我国根域名服务器镜像服务引入情况

根 镜 像	合 作 机 构	引 入 机 构	部 署 位 置
F	ISC（美国）	CNNIC	北京
F	ISC（美国）	CNNIC	杭州
I	Netnod（瑞典）	CNNIC	北京
J	VeriSign（美国）	中国联通	北京
J	VeriSign（美国）	CNNIC	北京
J	VeriSign（美国）	阿里巴巴	杭州
J	VeriSign（美国）	世纪互联	北京
L	ICANN（美国）	CNNIC	北京
L	ICANN（美国）	实际互联	北京
L	ICANN（美国）	北龙中网	北京

数据来源：中国互联网络信息中心，赛迪智库整理，2020 年 8 月

方式三：联合盟友全面把控域名解析权。美国政府虽在特朗普上任前夕向 ICANN（互联网名称与数字地址分配机构）移交了互联网基础资源管理权，但由于 ICANN 是注册在美国的非营利性组织机构，受美国政府政策法律的约束与管辖。极限情况下，美国可通过宣布国家进入紧急状况，便捷地操控立法和执法，使 ICANN 成为美对别国实施技术封锁的武器。美国可通过对 ICANN 施压或联合盟友对被限制国家的域名解析服务进行无缝隙封锁。此方式将导致我国与全球互联网连接彻底中断，我国互联网或将被迫降为"局域网"。

二、互联网断网对我国潜在影响判断

互联网断网将削弱我国互联网企业的上升势头。根据中国互联网络信息中心发布的首份《中国互联网络发展统计报告》显示，截至 1997 年 10 月，我国网民数量 62 万人，国际出口带宽 25.408Mbps。22 年后，第 45 次统计报告显示，截至 2019 年 12 月，我国网民数量 9.04 亿人，国际出口带宽 8827751Mbps。在网络普及、带宽升级的大背景下，我国

互联网产业迅速崛起，并呈几何增长之势，孕育出一批世界级互联网企业，并带动移动互联网成为最大的新兴应用市场。2020年，美国以国家安全为由，提出限制微信、抖音等两款我国互联网产品。不排除美国后续会进一步切断域名解析服务，断网已成为一把悬顶之剑，一旦落下将对我国互联网企业形成毁灭性打击。

互联网断网将迫使我国信息基础设施退回"史前"状态。以互联网为核心的信息经济在国内生产总值中的占比不断攀升，我国信息基础设施建设稳步推进。一方面，我国IPv6部署走在前列，地址储备已赶超美国，跃居全球首位。另一方面，5G、大数据中心、人工智能、工业互联网等新型基础设施建设正稳步推进。若美国此时针对我国互联网进行打击，此前累积的IPv6部署优势将付之东流，正在推进的新型基础设施建设面临局部瘫痪、整体锁死的被动局面，在无"根"的情况下，以互联网为核心牵引的信息基础设施无法部署，无疑将从源头迟滞我国信息化总体进程。

互联网断网将中断我国寻求科技创新突破和产业层级跃升。近年来，我国在以互联网为核心的网信事业领域持续深耕，取得了产业规模上的巨大成就，并在核心技术攻关和重大技术创新上开始进入井喷期和收获期。互联网是信息时代各行各业技术突破和产业升级必不可少的"高速公路"。同时，网信安全也是产业安全、经济安全、国家安全的核心支柱。在新一代互联网部署的关键期，美若对我国互联网进行上述三种不同程度的限制，不仅是对我国互联网产业本身的打击，还将影响依赖互联网而生的各垂直行业的创新突破发展，工业安全、经济安全、国家安全也难以得到保障。

三、应对手段

死守底线杜绝最坏预期的可能。积极参与ICANN的全球共治，争取ICANN总部由美国搬至日内瓦等中立地区，确保全球网络安全可用，实现各国网络主权平等。团结大多数国家，积极争取互联网共治共享，推动形成"你中有我，我中有你、相互交融、相互制约"的互联网结构，彻底打消美国切断我国互联网的念头。

开展多种预案的断网攻防演练。借鉴参考俄罗斯《主权互联网法案》

与断网演习机制,将域名解析工作交付本地服务器处理。扩大与他国网络的互联互通,积极开展双边、多边的互联网国际交流合作,逐渐降低在现有国际互联网中对美国的依赖程度。

提升网络安全产品产业化保障能力。坚持网络安全技术、人才、产业融合发展。面向工业互联网安全、物联网安全、网络安全公共服务等多个重点方向,推动网络安全技术突破。强化专业人才实力,建设高素质的网络安全和信息化人才队伍。提升安全产业供给能力,形成网络安全产业的发展合力,推动网络安全能力再提升。

第三十章

谨防美法案引发中美网络科技产业全面对抗

2020年5月20日，美国参议院一致通过了《外国公司问责法案》（以下简称《法案》），要求特定证券发行人必须经美国上市公司会计监督委员会（简称PCAOB）对会计底稿的审查，否则须证明其不受外国政府拥有或控制，此举有可能引发中概股大规模退市。在美政府对我华为等高科技企业穷追猛打及中美贸易战持续升级大背景下，要谨防美国参议院《法案》引发中美网络科技产业资本脱钩带来的产业脱钩甚至产业全面对抗风险。

一、法案内容介绍及影响分析

《法案》要求如果PCAOB因证券发行人采用了不受委员会监管的外国公众会计师事务所而无法审计特定的报告，则证券发行人必须做出其不受外国政府拥有或控制的证明。《法案》还要求如果PCAOB连续三年无法审查发行人的会计师事务所，则该股票将被禁止在全美交易所交易。该《法案》实施有利于提高中概股的流通性，加强对公众投资人的保护，增强中概股财务信息的真实性和透明度，加强对做中概股审计的会计师事务所的监管。但中美政府之间如果没有就美国PCAOB对中国会计师事务的监管事项达成有效的解决方案，《法案》又严格执行，那么中概股企业将进入进退维谷的两难境地，甚至有可能会引发中美产业对抗的巨大风险。主要体现在以下几方面：

一是极大概率引发中概股大规模退市。《法案》让在美上市的中国企业处于两难境地，接受《法案》就需要接受 PCAOB 对会计底稿的审查，但该行为直接违反了中国证监会、国家保密局和国家档案局 2009 年制定的《关于加强在境外发行证券与上市相关保密和档案管理工作的规定》，以及《证券法》第一百七十七条规定要求。如果连续三年不接受 PCAOB 审查，则意味着企业必须在美证券市场退市。据统计，截至 2020 年 5 月 28 日，共计有 248 家中概股在美上市，总市值达到约 1.56 万亿美元，其中总市值超过 10 亿美元的有 68 家。一旦《法案》落地严格执行，且中美之间没有就资本市场审计跨境监管达成有效合作机制，那么在美上市的中概股企业则必须退出美国资本市场，此举势必会对中国企业和美投资者都带来利益损害。

二是引发中美产业资本脱钩重大风险。《法案》严格实施将把中美网络科技产业资本引向脱钩边缘。从历史经验来看，美国对韩日两国半导体产业采取了不同政策，产业资本是其中至关重要影响因素。20 世纪，美国对东芝等日本半导体企业采取坚决打压绞杀措施，但对三星等韩国半导体企业放任发展，其中重要因素在于美资本在两国半导体产业中投资不同，美华尔街资本在日本东芝等半导体企业涉足很少，而美华尔街资本却牢牢掌控着三星公司股权。一旦《法案》落地执行，我国网络科技企业赴美融资渠道被彻底关闭，华尔街资本疯狂攫取我网络科技企业快速发展成果大门将会被大幅关小，此举将会导致中美网络科技产业资本加速脱钩。

三是引发中美产业脱钩甚至全面对抗。资本脱钩是引发产业脱钩或产业全面对抗的前兆。目前我国网络科技企业中，无论是赴美上市还是未上市企业，美华尔街资本都有大量渗透。一定程度上，我国网络科技产业快速发展，华尔街资本也是其中最大受益者之一。《法案》一旦落地，中美网络科技产业因资本而建立起来的供应链关系将会变得脆弱。因难以分享到我国网络科技产业发展红利，华尔街资本势必会通过各种手段对我网络科技产业进一步打压，包括扶持竞争对手、游说美国政府动用行政手段等。华为受到美国政府持续打压，美国政府国家战略考虑是其中因素之一，但华为作为非上市企业，华尔街资本难以分享华为发展红利，也可能是其中重要因素之一。

四是引发中美贸易战进一步升级升温。过去两年的中美贸易战表现为，美国政府利用各种行政手段，以我国技术自主创新比较快的网信龙头企业为主要打击对象，利用"实体清单"等制度采取各种技术封堵措施，主要目的是击垮我国在网信领域有可能实现对美发展反超的企业，让美国在相关产业领域始终保持行业领头羊或垄断地位。《法案》一旦落地，将会引发中美产业及资本加速脱钩，极大可能引起中美网络科技产业全面对抗绞杀，形成"政府+资本市场+产业企业"联合绞杀，推动中美贸易战进入一个更加激烈、更加全面的对抗新阶段。

二、应对措施

一是全面做好中概股企业摸底梳理和风险防范。尽快摸清中概股企业资本规模、股权结构、投资关系、治理结构、经营业务、技术产品、合作伙伴、技术短板、供应链等底数。提前做好供应链风险防范，全面梳理我国网络科技产业受制于美的卡脖子技术，优化企业供应链结构，加快推进相关技术国内替代。

二是做好中美网络科技产业对抗的应对措施。支持国内网络科技行业龙头企业，围绕芯片、服务器、操作系统、数据库、云服务等关键软硬件产品供应链保障，牵头推进国内产业联盟建设，打造安全可信可靠的产业链和供应链。适时用好"不可靠实体清单"反制措施，分化境外打压我产业势力，防止国外网络科技抱团对我产业进行围堵和联合打击。用好《网络安全法》《网络安全审查办法》等法律法规和管理规章等措施，加大对相关违法企业惩治力度。

三是完善国内投融资市场。鼓励和支持内地网络科技企业在A股或港股上市，完善科创板上市机制，放宽企业的股权结构、成立年限、经营业务收入、税前利润等要求，提速上市审批速度，做好中概股企业大规模国外退市国内上市的措施储备。加快推进国内资本市场开放，适当放开单个境外投资者、所有境外投资者对单个上市公司A股的持股比例。简化境外投资者的人民币利润、股息等投资收益汇出手续。在保障安全的前提下，适当放开互联网产业领域国外投资者准入条件，吸引国外投资者投资。

四是完善中美资本市场审计监管合作机制。加强中国证监会和美国证券交易委员会、美国公众公司会计监督委员会沟通合作，根据双方市场监管需求和各国监管制度实际情况，构建务实高效的跨境审计监管常态化合作机制，建立监管互信机制，推进监管互信互认，提高对相关会计师事务所和企业的联合检查能力，确保投资者利益。

展望篇

第三十一章

主要研究机构预测性观点综述

第一节 综述型预测

一、Gartner（高德纳）

Gartner（高德纳）是全球领先的信息技术研究与顾问公司，在分析发展趋势与技术方面拥有数十年的丰富经验。Gartner 长期关注技术发展趋势及对公司战略和市场格局的影响。在其发布的 2021 年重要战略科技趋势中，多项预计在未来五年内迅速成长的技术均与互联网产业相关。其一是行为互联网（Internet of Behaviors），IoB 包含面部识别、位置跟踪和大数据等直接关联个人信息的技术，并将结果数据与个人行为预测联系起来。企业机构使用该数据来影响人的行为，促使个人的行为符合企业的利益。IoB 在技术上蓬勃发展，但社会将对其伦理影响展开广泛的讨论。其二是隐私增强计算（Privacy-Enhancing Computation），随着全球各国数据保护法律法规的成熟，企业所面临的数据隐私和违规风险不断升高。与常见的静态数据安全控制不同，隐私增强计算可在确保保密性或隐私的同时，保护正在使用的数据。其三是网络安全网格（Cybersecurity Mesh），新冠肺炎疫情使得面对面工作变得困难，加快了企业数字化变革。网络安全网格使任何人都可以在任何地方安全地访问任何数字资产。应用分布式数据，通过云交付模型解除策略执行与策略决策之间的关联，并使身份验证成为新的安全边界。其三是人工智能工程化（AI Engineering），立足数据运维、模型运维和开发运维，运用人

工智能操作化和决策模型治理将人工智能转化为生产力，实现人工智能投资的价值。其四是超级自动化（Hyperautomation），因为疫情，一切事物都被突然要求首先实现数字化，市场需求大幅提高，业务驱动型超级自动化是一项可用于快速识别、审查和自动执行大量获准业务和 IT 流程的严格方法。

二、CB Insight

CB Insights 是全球知名的市场研究机构和创投研究机构，其数据报道和榜单受到广泛关注并被大量引用。CB Insights 发布的 2021 年 12 个值得关注的技术趋势中有三个与互联网产业相关。第一是量子"定时炸弹"（The quantum time bomb），随着量子计算机的出现，计算能力正在以指数级的速度变得更加强大，这也带来了数据安全的问题。一台量子计算机可以迅速攻克 RSA 等常见的互联网加密协议，这意味着量子计算机的使用可能会导致大规模的数据泄露，企业需要以更快的速度保护数据。在这种情况下，对抗量子计算机的新加密方法应运而生。IBM、微软等科技巨头正在开发一种可以抵抗量子计算机对现有密码算法攻击的"后量子密码"。美国国家标准技术研究所、牛津大学等机构也在制定后量子密码标准。第二是排他性平台崛起（The rise of exclusivity），独家网络平台（Exclusivity networks）可能成为社交媒体的未来。Facebook 曾经只对某些精英院校的学生开放，这种"排他性"使得该平台迎来了爆发式增长。现在"排他性"似乎卷土重来，私人交流社交平台 Discord 和部分私人的应用程序 Clubhouse 越来越受欢迎。新一代社交平台的理念不是让更多的人加入其中，而是将他们拒之门外，隐私将成为重点考虑的问题之一。所有网络社交平台面临的另一个挑战是如何消除仇恨言论和极端主义团体，这需要以有效的手段对此类内容进行控制，并保证平台内容的私有性。第三是虚拟购物中心（The metaverse mall）。疫情促进了虚拟空间的蓬勃发展，共享虚拟空间将重新定义购物体验及人与人之间的互动方式。除了虚拟商场，虚拟空间在游戏领域的应用研究也取得进展。比如，软件开发独角兽 Improbable 研发的一项基于云端的突破性游戏开发技术 SpatialOS 可助力游戏开发者实现无限创意，并在全球部署。随着技术的进步，线上与线下进一步融合，

将推进全共享虚拟空间建立。提供虚拟商品可能会是 2021 年的新潮流，在未来五年，这一趋势很可能会演变为设计更丰满、更具沉浸感的虚拟世界，并为消费者提供更真实的购物体验。

三、IDC

全球领先的数字化转型（DX）市场研究公司 IDC 发布《IDC FutureScape：2021 年全球数字化转型预测》，对全球数字化转型做出十项预测。即，一是快速的 DX 投资创造更多经济引力。到 2022 年，全球 65%的 GDP 将由数字化推动，经济将走上数字化之路；从 2020 年到 2023 年，数字化转型的直接投资将超过 6.8 万亿美元。二是数字组织结构和路线图逐渐成熟。到 2023 年，75%的组织将拥有全面的 DX 实施路线图，远高于目前的 27%，从而实现业务与日常各个方面的真正转型。三是数字管理系统成熟。到 2023 年，G2000 组织中 60%的领导者将把他们的管理方向从过程转向结果，建立更加敏捷、创新和富有同理心的运营模式。四是数字平台和扩展生态系统的崛起。在全球动荡的环境推动下，到 2025 年，75%的企业领导者将利用数字平台和生态系统能力来调整他们的价值链，以适应新的市场、行业和生态系统。五是数字优先方法。60%的企业将在 2021 年投入巨资实现员工体验的数字化，从而改变雇主和员工之间的关系。六是商业模式再造。到 2021 年，至少 30%的组织将加快创新，以支持业务和运营模式的重新创造，快速跟踪转型计划，以适应未来的业务。七是可持续性与数字化转型。到 2022 年，大多数公司将通过结合数字化和可持续性实现更大的价值，从而将数字驱动和可持续的项目作为实际衡量标准。八是数字化原生文化。50%的企业将在 2025 年实施基于以客户为中心和数据驱动的 DX 优化组织文化。九是加速数字体验。到 2022 年，70%的组织将加快数字技术的使用，转变现有的业务流程，以提高客户参与度、员工生产率和业务弹性。十是商业创新平台。到 2023 年，60%的 G2000 公司将建立自己的业务创新平台，支持新常态下的创新和增长。

四、埃森哲

埃森哲发布《技术展望 2021》报告，预测未来三年内将重新定义

企业发展战略的关键技术趋势。报告以"开拓新局：掌握变局时代的技术先机"为主题，揭示了五大技术趋势。一是未来架构：夯实企业发展地基。新时代下，行业竞争加剧。企业架构将是企业打造竞争力、激发业务活力的关键一环。企业当下所选择的技术将决定未来的业务，因此面向未来的架构日益重要。企业拥有比以往更多的技术选择，从云部署的分布，到AI模式类型和种类繁多的前沿设备，再到硬件和计算的设计，构建和使用最具竞争力的技术栈，企业可以以全新的视角构建能力，建立业务和技术一体化战略，成为技术领导者。二是镜像世界：数字孪生智能泛在。数据、人工智能和数字孪生技术的广泛应用推动了新一代商业和智能世界的崛起。在这个全新的镜像世界中，虚拟的数字世界和物理的现实世界无缝串联，助力企业实现模拟、验证、预测和自动化，开创新模式新业态。企业领导者有望将数据和智能整合在一起，站在更高的格局谋划企业未来生存与发展，重塑现有运营、协作和创新方式。三是技术普众：人机融合全员创新。自然语言处理、低代码平台、RPA等工具大大降低了技术实现的难度，企业可以先行在某一领域进行技术普众试点。指导员工利用可用技术，并引导他们利用技术设计解决方案，通过人机协作来挖掘潜能。当企业赋予所有员工强大的工具平台后，每个员工都可以参与创新。IT部门仍然负责实施重要项目，开展基于先进技术的平台研发，而处理日常业务问题的其他人员则拥有设计技术解决方案的自主权。技术普众为非IT员工提供了创新土壤，借助人机融合的力量，人人都可以参与创新。四是无界工作：就地开展柔性协作。无界工作将成为企业全新的运营模式。远程办公即将从应急措施走向常态化，企业有望突破地域限制，打造没有边界、灵活动态的组织团队。确定实施快速数字化转型的领域，优先处理待解决的安全问题是保证远程办公可持续、流畅和安全的关键。网络攻击与日俱增，企业需为安全团队提供必要的资源，重新评估技术战略，关注团队建设和"茶水间"社交，为员工建立数字大家庭，确保远程办公收益的最大化。五是多方信任：混沌格局下的生机。新冠肺炎疫情让行业格局重新洗牌，未来三年内，客户需求、法律法规等各方面将迅速发生变化，企业不得不重新建立新的合作伙伴关系，聚焦现有生态系统中仍未解决的问题。多方信任包含了区块链、分布式账本、分布式数据库，代币化和其他一系列技

术能力，允许个人与组织之间高效共享数据，构建新的业务和营收模式。借助多方信任，企业可以大幅提升韧性和响应力；用新方法开拓新市场；并建立全新的行业生态标准。

第二节　专题型预测

在移动互联网方面，根据中国领先的移动互联网研究机构 QuestMobile 发布的《2021 中国移动互联网春季大报告》，后疫情时代，生活、出行、旅游等行业迎来强劲复苏，数字化经济发展加速，各行各业开展线上线下联动，提升运营转化。截至 2021 年 3 月，中国移动互联网用户数量 11.62 亿人，规模趋于稳定。现有模式流量饱和，各互联网公司强化垂直行业布局，优化商业模式，开发新的流量入口。5G 应用加速推进，5G 手机终端激活量较去年 3 月激增 576.6%，达到 1879.6 万人，智能 App 月活人数和使用时长均增长 30% 以上，智能化场景应用和行业发展将带动移动互联网的进一步发展。

电子商务方面，购买力复苏态势明显，直播电商井喷式发展。疫情极大地改变了人们的购物方式，参与电商直播的商家数量自 2020 年 2 月以来大幅增加，直播间成为商家营销的主要据点。2020 年"双十一"期间，全网电商交易额近 8600 亿元，其中淘宝单一平台直播观看人数近 3 亿人，33 个直播间成交额超过 1 亿元。截至 2021 年 3 月，主要电商平台直播去重用户规模达到 7.61 亿人，较去年同期上升了 34.2%。春节等重大节日看直播购物成为新风尚，品牌和平台深度融合，营销模式不断创新。2021 年中国直播电商交易规模预计突破万亿，达到 12000 亿元。

在云计算方面，IDC，Forrester，埃森哲等多家国家研究机构均对该技术发展方向和前景做出预测。主要观点为：①跨云集成将成为所有采取云计算的企业需要应对的挑战，20% 的企业将采用互连的云架构来克服这些问题。②数据安全仍是核心问题。企业在使用云服务时，将要求服务商维护跨地区的数据主权和数据控制能力。③云原生开发和应用将成为企业的主要依赖途径。④控制、优化云服务支出，管理云成本。⑤公有云厂商将与更多供应商联合，合作提出云解决方案。⑥云网边将

进一步融合，云计算技术下沉到边缘侧，分散式运算架构拓展云服务范围。Forrester 认为，到 2021 年，全球公共云基础设施市场将增长 35%，达到 1200 亿美元，阿里云将在 AWS（亚马逊）和 Azure（微软）之后排名全球第三。

第三十二章

2021 年我国互联网产业发展形势展望

2020 年，中国互联网产业实现了平稳发展，有效应对了贸易战、新冠肺炎疫情等不确定性因素冲击。展望 2021 年，5G 网络部署和应用创新加快推进，网络交易市场秩序将得到严格规范，互联网金融领域将步入强监管时代，互联网反垄断进入实操推进阶段，企业数据安全和个人信息保护合规工作加速推进，中美网络科技斗争短暂将会有所缓和，新冠肺炎疫情激发互联网服务新增长需求。同时需要重点关注 5G 网络超前部署和应用创新、互联网企业合规、市场不确定性风险等几个关键性问题，尤其要在 5G 网络部署和应用创新、关键核心技术创新、网络科技企业合规发展和安全发展、企业数字化转型等方面采取有效措施。

第一节 5G 网络部署和应用创新加快推进

2020 年 3 月 24 日，工业和信息化部发布了《关于推动 5G 加快发展的通知》，提出了加快 5G 网络建设部署、丰富 5G 技术应用场景、持续加大 5G 技术研发力度、着力构建 5G 安全保障体系四项重要任务。根据工业和信息化部统计数据及三大运营商相关数据显示，截至 2020 年年底，全国累计建成 5G 基站已经超 70 万座，实现国内全部地级以上城市全覆盖，三大基础电信运营商合计 5G 用户数量超过 3.2 亿人，5G 终端连接数已超过 2 亿个。

2021 年，我国将进一步提升网络覆盖能力，预计全国 5G 基站部署累计将突破 160 万座，网络覆盖范围在实现地级以上城市深度覆盖的基础上，加速向有条件的县镇延伸，实现城区、人口密集的城镇、重点公

共场所网络的无缝覆盖；我国 5G 发展进入应用创新的关键阶段，5G+移动媒体、车联网、工业互联网、智能物流、智慧城市等行业应用将加速培育，逐步形成成熟、可复制的商业模式；5G 终端连接数超过 5 亿个，5G 产业创业平台加速建设，有效支撑新业态发展，媒体资讯、交通物流、矿产挖掘等行业将率先推进 5G 规模化应用。

第二节　网络交易市场秩序将得到严格规范

2020 年与网络市场交易相关的三个部门行业管理规章文件陆续向社会公开征求意见，2020 年 10 月 20 日《网络交易监督管理办法（征求意见稿）》公开向社会征求意见，11 月 13 日《互联网直播营销信息内容服务管理规定（征求意见稿）》公开向社会征求意见，11 月 12 日《药品网络销售监督管理办法（征求意见稿）》公开向社会公开征求意见，分别对网络交易、互联网直播营销、药品网络销售做出了规范。11 月 23 日国家广播电视总局发布了《关于加强网络秀场直播和电商直播管理通知》，对电商直播做出严格规范。

预计 2021 年，三个部门行业管理规章文件将会陆续出台实施，各类网络交易市场秩序乱象将会进行全面整顿和规范，直播带货等网络交易新业态将会得到有效规范，药品等特种物品的网络交易将会得到更加严格监管。

第三节　互联网金融领域将步入强监管时代

为规范小额贷款公司网络小额贷款业务，防范网络小额贷款业务风险，保障小额贷款公司及客户的合法权益，促进网络小额贷款业务规范健康发展，2020 年 11 月 2 日中国银保监会会同中国人民银行等部门发布了《网络小额贷款业务管理暂行办法（征求意见稿）》（以下简称《暂行办法》），对小额贷款业务公司业务准入、注册资本、业务范围、对外融资、贷款金额、联合贷款等都提出了明确新要求。这些新要求对现有以金融科技名义开展网络小额贷款业务的企业都会造成很大影响，对企业现有商业模式也会造成很大冲击。

《暂行办法》在2020年完成征求意见后，预计2021年正式出台的可能性较大。文件正式出台后，目前打着金融科技信息服务旗号、从事网络小额贷款业务、力图逃避金融服务监管的企业都需要进行大规模的合规整改，此类企业业务经营属地范围、贷款对象、贷款金额都会受到严格限制，预计会有很大部分企业可能难以满足合规要求而主动退出市场。

第四节 互联网反垄断进入实操推进阶段

为预防和制止平台经济领域垄断行为，引导平台经济领域经营者依法合规经营，促进线上经济持续健康发展，2020年11月10日，市场监管总局就《关于平台经济领域的反垄断指南（征求意见稿）》（以下简称《反垄断指南》）公开向社会征求意见，对《反垄断法》在平台经济领域相关市场界定、垄断协议、滥用市场支配地位、经营者集中、滥用行政权力排除和限制竞争等法律条款，提出了具体操作认定标准，使得平台经济领域反垄断操作不再处于模糊地段。

预计《反垄断指南》在2020年完成征求意见后，2021年正式出台存在大概率。根据《反垄断指南》规定，现有很多互联网企业基于大数据、人工智能等新技术应用商业模式会被禁止使用，对现有的互联网商业模式会带来很大影响和冲击，2021年业务"合规"将是互联网企业全年业务发的核心主题，网络信息科技企业需严格按照指南要求，逐条对照，重新审查和评估现有新技术应用业态创新存在的法律风险，加快推进技术应用合规。

第五节 企业数据安全和个人信息保护合规工作加速推进

2020年6月28日，第十三届全国人大常委会第二十次会议审议了《数据安全法（草案）》，提出国家将对数据实行分级分类保护、开展数据活动必须履行数据安全保护义务承担社会责任等，7月3日草案在中国人大网公开征求意见。10月13日，第十三届全国人大常委会第二十

二次会议审议了《个人信息保护法（草案）》，10月21日全国人大法工委公开就草案征求意见。两部法律能否在2021年出台，有待进一步观察，预计2021年大部分互联网企业将会根据《数据安全（草案）》和《个人信息保护法（草案）》加速推进企业合规，以更好更迅速地应对两部法律正式出台后，企业业务发展存在的法律风险。

第六节　中美网络科技斗争将出现短暂缓和

2019年以来，美国政府持续对我国以华为为代表的网络科技企业持续施压，实施了产品断供、强制企业出售等霸道行径，不仅使得我国被美列为制裁清单的网络科技企业在2020年过得极为艰难，也使得美国跟中国有业务的合作网络科技企业受到极大影响。预计2021年拜登政府上台后，会逐步改变中美之间网络科技领域的斗争策略，关键技术和产品断供、强制企业出售等霸道行径估计会终止，直接斗争将有所缓和，但网络空间规则、技术应用规则之争冷战会长期存在，尤其是围绕数据跨境流动、数字贸易、新技术应用等领域斗争会变得更加激烈，美国对华斗争策略也会从中美直接斗争，重新演变为以美国联合西方盟友跟我国斗争。

第七节　新冠肺炎疫情激发互联网服务新需求

新冠肺炎疫情发生及蔓延扩展已经对全球经济社会发展产生了重大影响，2020年以来大部分企业加快推进企业数字化转型，加快推进线下服务加速向线上迁移，整个经济社会对云计算等各类互联网应用服务需求猛增。从目前来看，还很难看到2021年全球新冠肺炎疫情是否能得到有效控制，预计网上办公、网络化协同依旧会是企业运行的常态，更多企业为了应对疫情影响，会加速企业内部数字化建设，加速推进设备上云、机器换人、在线办公和网上服务，以更好地应对新冠肺炎疫情常态化对企业发展的影响，提高企业应对交通、人员、物资等管控限制能力。企业加快数字化转型，会继续加大互联网服务采购力度，各类互联网服务会引来新一轮增长。

后 记

《2020—2021年中国互联网产业发展蓝皮书》由中国电子信息产业发展研究院编著完成。作为一年一度的系列成果，本书展现了赛迪智库对互联网产业的跟踪研究进展，为相关行业主管部门和业界人士提供2020—2021年互联网产业发展的政策支撑，特别是对工业互联网、人工智能、互联网治理等新兴领域的动态进行跟踪和研究，通过对全球和我国最具影响力的互联网企业最新战略解析厘清互联网产业最新趋势，为了解和推动互联网产业发展提供帮助。

参与本书编写的人员有温晓君、陆峰、李艺铭、余雪松、王茜、赵燕、张金颖、李雅琪、王翠林、苏廷栋、王凌霞、王丽丽、郑子亨、张甜甜、陈炎坤、李旭东、徐子凡、宋籽锌、谭卓等。本书的编写得到了各省市地区经信委、相关互联网企业、中国电子信息产业发展研究院软科学处的大力支持及协助，经专家王安耕审稿，在此一并表示诚挚的感谢。

本书的内容和观点虽然经过广泛且深入的讨论，在编写过程中也经过多次修改和提炼，但由于涉及领域宽、研究难度大，有些成果还有待时间考验，加之编者的理论水平、眼界和视野所限，难免存在缺点和不足，敬请广大读者批评指正。

赛迪智库
面向政府　服务决策

思想，还是思想
　　才使我们与众不同

《赛迪专报》	《安全产业研究》	《产业政策研究》
《赛迪前瞻》	《工业经济研究》	《军民结合研究》
《赛迪智库·案例》	《财经研究》	《工业和信息化研究》
《赛迪智库·数据》	《信息化与软件产业研究》	《科技与标准研究》
《赛迪智库·软科学》	《电子信息研究》	《无线电管理研究》
《赛迪译丛》	《网络安全研究》	《节能与环保研究》
《工业新词话》	《材料工业研究》	《世界工业研究》
《政策法规研究》	《消费品工业"三品"战略专刊》	《中小企业研究》
		《集成电路研究》

通信地址：北京市海淀区万寿路27号院8号楼12层
邮政编码：100846
联系人：王　乐
联系电话：010-68200552　13701083941
传　　真：010-68209616
网　　址：www.ccidwise.com
电子邮件：wangle@ccidgroup.com

赛迪智库
面向政府 服务决策

研究，还是研究
才使我们见微知著

规划研究所	知识产权研究所	安全产业研究所
工业经济研究所	世界工业研究所	网络安全研究所
电子信息研究所	无线电管理研究所	中小企业研究所
集成电路研究所	信息化与软件产业研究所	节能与环保研究所
产业政策研究所	军民融合研究所	材料工业研究所
科技与标准研究所	政策法规研究所	消费品工业研究所

通信地址：北京市海淀区万寿路27号院8号楼12层
邮政编码：100846
联系人：王 乐
联系电话：010-68200552 13701083941
传　　真：010-68209616
网　　址：www.ccidwise.com
电子邮件：wangle@ccidgroup.com